In Gedenken an: Lumpi
Rex
Pius
Fido
Fuchsi
Mucker
und Katz

Zum Schreiber

Heino Dölker, geboren 1937 in Bessarabien, Rumänien. 1940 ‚heim ins Reich‘, Westpreußen, Flucht … Nach dem Besuch mehrerer Zwergschulen, Mittlere Reife. 1955 Lehre als Dekorateur. 1961 Abschluss in Messe- und Grafikdesign an der Meisterschule für das Kunsthandwerk Berlin. Liebhaber, aber Autodidakt, der Literatur. Nach freiberuflicher Tätigkeit 1968 erneutes Studium, ausgerichtet auf kreative Konzeption, Abschluss als Werbewirt an der Hochschule für bildende Künste Berlin. Danach angestellt bei namhaften Agenturen und Firmen.

Dann, völlig unverständlich für andere, bewusster, freiwilliger Aussteiger. Lebt seit 1980 auf der Insel Stromboli. Hier entdeckte er sein handwerkliches Geschick beim Ausbau einer Halbruine. Passionierter Unter- und Überwasserjäger für den Eigenbedarf. Seit circa zwei Jahren zurückgekehrt an den Schreibtisch. Vom Gipfel des Vulkans, verschont vom Einfluss ideologischer Geisterfahrer, entwickelt sich eine extraterrestrische Klarsicht auf unsere „Zivilisation." Hier kann man mit Abstand wahrnehmen und so schreiben, als ob man nicht dazugehört.

Spät-Lese! Letztlingswerke! Why not?

Heino Dölker

In Spottes Namen

Gedanken
von gestern
über heute
für morgen

Die Deutsche Nationalbibliothek verzeichnet diese Publikation in der Deutschen Nationalbibliografie. Detaillierte bibliografische Daten sind im Internet über http://dnb.d-nb.de abrufbar.

Verlag und Druck: tredition GmbH
Halenreie 40-44
22359 Hamburg

IBSN Taschenbuch: 978-3-7469-8275-5
ISBN E-Book: 978-3-7469-8277-9

Inhaltsverzeichnis

Ernst Zorn

Übersetzungen kredenzt von Ernst Zorn

Modernste Versuche von Ernst Zorn

Ich wollte – ich hätte

Ich wollte die Welt begreifen
    und dann reparieren.
Ich hätte das Zeug dazu
    die Klemmpunkte zu schmieren.
Ich hätte die Jurisdiktion
    weltweit egalisiert.
Ich hätte das Kapital
    gerecht rechtlich dividiert.
Ich hätte Managern
    die Bonusse ad hoc gestrichen.
Ich hätte den Lobbyismus
    mit Krebsgeschwür verglichen.
Ich hätte die Börsen
    wegen Volksbetrugs geschlossen.
Ich hätte die Atommüllmafia
    standrechtlich erschossen.
Ich hätte die Journaille
    und auch die Politik enttarnt.
Ich hätte die Kinder
    vor Ideologien gewarnt.
Ich hätte jeden Krieg
    durch schöne Volksfeste ersetzt.
Ich hätte die Religionen
    mit Hollywood vernetzt.
Ich hätte dem Papst
    den Oskar jährlich gern verliehen.
Ich hätte den Jasagern
    die Ignoranz verziehen.
Ich hätte Klosetts und Schrauben
    einfach global genormt.

Ich hätte selbst Schweinetröge
    ästhetisch schön geformt.
Ich hätte die fiesen Spekulanten
    hops genommen.
Ich hätte ein Stück
    vom Paradies zurückgewonnen.
Ich wollte den Konjunktiv
    zum Indikativ machen,
Doch wurde ich inkriminiert,
    gestraft von Hohn und Lachen.
Ich hätte es gepackt,
    mit dir und dir, mit meinesgleichen,
Doch ihr wart absorbiert,
    beim Zugzwang niemals zu erreichen.

Haut Couture

Ich stöbere im Warenhaus der Zeit,
Bin die Etagen abgelaufen.
Ich such mein individuelles Kleid
Und kann das Meinige nicht kaufen.

Ich fühl mich nackend, hilflos irritiert,
Nur Qualität für Schnäppchenjäger.
Ein Sonderangebot devot drapiert,
Verlockt zu Mimikry den Träger.

Buy second hand bleibt kritisch in Betracht.
Die abgelegten von den Toten,
Den Epigonen gut gemeint vermacht,
Mich kleidet keins, so wie geboten.

Im Ausgang schon, mit Blick zum Spiegel,
Mich hat die Zeit gekleidet bunt kariert.
Ein Durchschnittshemd in Serie ohne Siegel,
Konglomerat auf mir wird reflektiert.

Im Surrogat will ich partout nicht leben.
Problem erkannt und reiflich selektiert.
Drum lernt ich schneidern, färben, weben …
Trag jetzt ein Hemd nach Maß von mir kreiert.

Als ich die Drossel spotten hört

Als ich die Drossel spotten hört! –
Als ich die Drossel spotten hört,
Vom Kohlenplatz beim Fließbandbeben,
Kam mir Erinnrung an mein Streben,
Da ward ich plötzlich aufgestört,
Denn Kohlenhalden glich mein Leben.
Als ich die Drossel spotten hört –
Stieß ich die Schaufel in das Band
Und ballte trotzig meine Hand.

Als ich den Rosenkäfer sah! –
Als ich den Rosenkäfer sah,
Metallen grün sein Panzer glühte,
Wie er im Kohlenstaub sich mühte,
Da ward mir jene Zeit ganz nah,
Die schnell, die ach so schnell verblühte.
Als ich den Rosenkäfer sah –
Stand Mohn und Ginster voller Lust
Am Zaun, und engte meine Brust.

Als ich den Lindenduft verspürt! –
Als ich den Lindenduft verspürt,
Trotz Motorlärm und Abgaswehen,
Da konnte ich nicht widerstehen,
Die Kehle ward mir zugeschnürt,
Ließ meine schwarzen Tränen gehen.
Als ich den Lindenduft verspürt –
Trieb Lohnarbeit die Wollgraspracht
Mit stetem Drängen gegen Nacht.

Im Labyrinth

Ich streife über anonyme Straßen.
Lichtreflexe zerschneiden die Nacht,
Befeuern Kirchtürme und Essen.
Silhouetten plappern, beleben das Pflaster.
Ihre Gesichter flanieren grußlos vorbei,
Entwischen durch parallele Gassen
In die Mauselöcher der Sozialbauten.
Krane greifen mit gierigen Armen
Nach den letzten Lindenbäumen.
Vom Gasometer rieselt Schlaf
Auf die parkende Blechwüste.
Über den Brückenbogen huscht eine S-Bahn.
Degenerierte Tauben rumoren,
Auf lästigen Lichtreklamen versteckt,
Rund um die Uhr im erbitterten Selektionsstreit.
Das Café – eine weinende Geigensaite.
Geruch einer gärenden Melone – die Bar.
Die Kinos suggerieren Entkommen.
Ideomotorisch peile ich meine Schlafstelle an,

Bis eine vertraute Tür mich nicht erkennt.

Feindlich recken sich die Hochhäuser.
Unruhe rankt an ihren Fassaden,
Von Fenster zu Fenster, bis zur Antenne.
Wo bleibt der Nachtigallen schlagen?
Wo das Konzert der Frösche?
Ich lausche an grünblauen Glasfronten.
Nur das Brodeln aus Tiefgaragen
Dröhnt aus den Luftschächten herauf.
Ihr munteren, murmelnden Quellen!
Der Najaden Reiche bleiben ungeklärt
Und münden in einem Abwasserkanal.
In den rachitischen Parkanlagen
Wird jedes Gänseblümchen einzeln
Von rotierenden Messern dahingemäht.
Statisten huschen unerkannt in Büros,
Suchen den Theaterdonner des Erfolgs.
Mohn – roter Mohn!
Stoppschild stiller Wiesenraine.
Wohin sind deine ungezählten Tage
Mit dem friedlichen Gebrumm der Hummeln?

Eure Affären verschleißen in der Rotation,
Wie Segeltuch trunkener Dschunken im Wind.
Eure Fotografien infizieren die Illustrierten,
Wöchentlich mutiert werden sie resistent.
Eure vierfarbigen Hochglanztränen,
Vom Koks animiert, halluzinieren
Kleinbürgerliche Raffinessen.
Eure Ratio, total besoffen im Kollektiv,
Akzeptiert die Parolen vom Präventivkrieg,

Jubelt im Wahnsinns-Sog der Atomraketen. –
Auch du! Auch du vermarktet
Von dem American way of life.
Zersprungen ist Noldes Amaryllis.
Auch du! Auch du entblättert,
Gebrochen auf ewig, in Poesie gepresst –
Ist die wilde Federnelke vertrocknet.
Auch du! Auch du gegangen,
Intermezzo eines verschneiten Junitages
In den weißherbstlichen Bergen um Beuron.
Am Horizont torkelt das Ulmer Münster.

Mein Passbild erinnert mich nicht.
Hinter dem zufälligen Namen
Stehen keine besonderen Kennzeichen.
Meine Vergangenheit wird ausgebleicht
Und gleicht einem schneebedeckten Rollfeld.
Meine Zukunft wird programmiert
Und auf Knopfdruck eingespeist.
Meine Gegenwart bleibt ambivalent,
Entweder schon vorbei oder noch voraus:
Unfassbar das Dazwischen.
Fremd tollen meine Assoziationen,
Fremd rhythmisiert meine Aorta,
Fremd eruptiert mein Es,
Fremd diktiert mein Über-Ich!
Ein Fremdsein dividiert mein Ich.
Der Himmel reißt unter Presslufthämmern,
Und die Verheißung rinnt durch meine Finger.
Mohn – roter Mohn!
Wohin sind meine gestrigen Tage?!
Mit dem friedlichen Gebrumm der Hummeln.

Im Vakuum

Ich bin noch physisch am Aufbau,
Doch chemisch dem Tod längst verfallen.
Und im All, wo Urnebel wallen,
Ist Sinnschrei von mir am Verhallen.

Ich wehr mich gegen das Driften.
Mit Bewusstsein, schick es auf Reisen,
Um mir Existenz zu beweisen,
Wohl wissend, auch sie wird vereisen.

Ob Entropie, ob neuer Bang,
Vorzeitig, gleichzeitig, daneben,
In Nischen hat es mich gegeben:
Durch Zufall! – Ein absurdes Leben.

Septembergericht

Lange. –
Lang ging mir
Verloren der Tag!
Ich weiß nur,
Es muss Frühling gewesen sein. –
Schrill ins Jagdhorn geblasen,
Mit falschen Empfehlungen,
Begann ich den Aufbruch
Im überfüllten Abteil
In sehnsüchtiger Hast.
Seit jenen Tagen
Sind eure Villen gewachsen.

Sie leuchten reif
Durch die entlaubten Hecken.
Die Jasager
Walten aus weichen Ledersesseln.
Doch ich!
Stehe – mit leeren Händen –
Und blicke nach Innen.
Wende den Kopf,
Ich bin hinausgeeilt
In gutem Glauben.

Die Zeit,
Geschüttet wie ein Korb voller Steine,
Erdig und polternd,
War mir im Herzen vertraut.
Doch meine Gedanken haben sich gelöst,
Verwischen und sind betrogen.
Es steht kein Sportcoupé vor meiner Tür.
Langsam –
Ganz langsam
Habe ich das System durchschaut.
Ich kehre um!
Oder steige ich aus?

Mit einem spöttischen Lächeln
Nehme ich Platz in der Opposition.
Früh war ich ausgezogen.
Spät werde ich heimkehren.
Ich möchte mir Zeit nehmen
Bei dem Urteil über eure Moral.
Will keinen der Prediger vergessen!
Und es wird Herbst sein.

Freilos – aber Niete

Sonntag steht heut im Kalender.
Vier Schläge quälen sich aus einer Uhr.
Ein raues Elefantenfell
Hat mir die Sonne zugespannt.
Der Regen rauscht. Es weint ein Kind,
Und Tantalus stöhnt müde monoton.
Ich hab den Tag verschlafen.

Wie war das Wetter um halb acht?
Jetzt ist es trostlos wie Gogol.
Zwielicht umschleicht die Reihenhäuser.
Ich starr von meiner alten Liege
Durch löchrige Gardinen,
Durch matte Scheiben in den Hinterhof,
Der auf dem Fensterbrett zertropft.

Beschirmte Menschen hopsen irr.
Der Zwanziger dreht um den Prager Platz
Ganz fahrplanmäßig.
Vorm Fenster im Kastanienbaum
Zappelt im Windstoß noch ein Blatt.
Ein Traum verzerrt sich in dem Tüll,
Wird unscharf, torkelt, kommt zu nah.

Sinkflug

Ach, wäre ich doch ein glatter Pfeil,
Von meiner Sehnsucht getrieben,
In eine Richtung verschossen,

Auf rechtem Kurs geblieben,
In ein Zentrum getragen,
Gezielt, Herz Ass vielleicht?!
Ich hätte es erreicht. –

Doch ich bin rollender, kantiger Stein,
Dazu ins Wasser gefallen.
Resistent auskreisend,
Uferlos in steten Intervallen,
Verringt mein Veto
Fruchtlos mit Spiegelgeblinke. –
Ich – ich aber sinke.

Belanglos

Ein gewöhnlicher Tag heute
Kurz vor Herbstausverkauf,
Neblig trüb, zu billigen Preisen.
Wir fahren gemeinsam zur Krummen Lanke.
Die letzten Dahlien trotzen,
Und der Wald
Atmet stoßweise mit uns.
Greis neigt sich das Schilfrohr.
Henze wogt auf Halmen. –
Alltag –
Gaukelnder Bärenspinner.

Stolpert einer von uns,
Über eine nackte Kiefernwurzel,
Lacht der Falke ganz schrill.
Weiß keiner warum.

Kreuzung mit Kreisverkehr

„Cogito, ergo sum!"
Aber wo? Warum?
Und wohin heute Abend?
Locke lockt mich nicht.
Rousseaus Saat schimmert positiv.
Fontenelle entlarvt die Geisterfahrer,
Führt mich zu empirischer Wahrheit.
Candide erschlägt mir die Monaden.
Wölfe jagen in Systemen.
Amsterdamer Luft – Dolch und Golgatha.
Glücklose Kampfeinsamkeit des Nathan.
Wohin heute Abend?
„O Menschenherz, was ist dein Glück?"
Hyperion schaut aus der Zwangsjacke.
Meine Hand blutet von einem Nadelkissen,
Wie Werthers Kopf vom Hühnerblut.
Alles, was ist, ist vernünftig,
Doch mir wurden die Vorderzähne gezogen.
Lasst die Hoffnung zurück!
Die reine Vernunft – blitzt es abstrakt kalt.
Lampe ist vom Luftzug die Lampe erloschen.
Die praktische – zündet sie wieder an.
Die Möglichkeiten sind groß:
Kierkegaard kreuzt schiffbrüchig,
Wissenschaftslehre, dialektische Methode,
Indifferenz von Natur und Geist,
Satz des Grundes, –
Entfremdet, anthropologisch zurückgewinnen,
Manifest des dialektischen Materialismus,
Die unheimlichen Heimlichkeiten Wildes,

Also sprach Zarathustra,
$E = MC^2$,
Ich – Über-Ich – Es – und der Trieb,
Morphologische Massendemokratie,
Kafkas versteckte Hoffnung,
Jaspers: das Nichts – Nein – Ja,
Heideggern in bayrischen Wäldern,
Le oui durch die gepressten Zähne Marcels,
Oder das Sein und das Nichts …
Wohin heute Abend?
Schwankend zwischen Plato und Aristoteles,
Habe ich heute Unsterblichkeit bevorzugt,
Für die Sehnsucht nach Absolutem,
Denn ich bin abstrakter Verstand in Atomen.
Danach habe ich das Seiende in mir gewählt,
Für die Schönheit eines Gänseblümchens,
Denn ich will das Vollendete hier leben.
A posteriori – apriorisch
Werde ich in einen Wildwestfilm gehen,
Einziger Zufluchtsort für Recht suchende.
Und Morgen? Das Morgen im Nichts?
Morgen will ich wieder weiter balancieren
Auf dem schmalen Grat des Absurden. –
Auch die Meister und Denker des Sisyphos,
Die glücklichen Nichtspringer – sprangen!
Doch für heute Abend bin ich gerettet.
Fäuste und Blei leiten mich zum richtigen Ziel.
Hier siegt, trotz Irrritt, am Ende immer das Gute.

*P.S.: Seitdem es Italo-Western gibt, ist es jetzt auch im Kintopp
vorbei mit der Gerechtigkeit!*

Banalankunft

Die Amsel singt auf dem Laternenpfahl.
Ich bleibe stehn und lausche.
Ein lauer Luftzug drängt vom Parkplatz her
Durch alle engen Gassen.
So unverfälscht,
So tief ersehnt,
So wonnevoll erwartet. –
Es ist der Frühling!

Der Abgassmog hat sich ergeben.
Auch Motorenlärm kann ihn nicht bremsen.
Er kommt gewaltlos, lang erwünscht.
Mit seinem sanften Odem
Haucht er dem Winter ins Gesicht,
Steigt langsam bis zum siebten Stock,
Klopft zaghaft noch,
An nebelblinde Fensterscheiben.

Samstag vor Mitternacht

Theater und Kino löschen bunte Lichter.
Noch in Narkose wankt der Menschenstrom.
Ein Steinmaul hat ihn gnädig ausgespukt
Und irgendwo erkaltet ein lauwarmer Sitz.
Man hat, nach einem profanierten Schluss,
Die Brause schnell wieder abgedreht.
Das Wörtchen Ende reißt mich aus der Illusion,
Und schiebt mich ab zur nächsten Straßenbahn.

Der Held wird blass in hellen Neonröhren.
Ich kenn sie nicht, die reichen Schwulen,
Nicht die verbrannten Waisenkinder.
Ein Auspuffknall dicht neben mir
Stößt mich zurück aufs Trottoir.
Aus den Lokalen plärrt Musik mit Rauch.
Über geheimnisvoll geschlossenen Türen,
Lockt bald ein volles Glas, bald eine nackte Frau.

Die S-Bahn donnert über eine Brücke.
Zu Hause ist die Cognacflasche leer.
Verstohlen wag ich einen Blick zum Himmel:
Der Wetterdienst hat recht, es ist bewölkt.
Zögernd wäg ich zwischen Soll und Trieb
Ganz insgeheim die Autos zählend. –
Entschließ mich endlich für gesunden Schlaf,
Doch siehe da – die Ampel springt auf Rot.

Gegenwind

Geht meine Wege nach –
Und saugt ihn langsam
Den Fahrtwind aller Einbahnstraßen.
Durchlebt die Abschiedsluft
Im blumenlosen Vorwärtsgehn,
Dann Ankunftslärm
Mit irritiertem Suchen.
Stückweise ließ ich mich zurück.
Auch Stücke nur
Nahm ich im Innern wieder mit.
Erinnerung:

Du Strand am Meer und eine Hand …
Der Kinderschlaf:
Kornfelder unendlich weit mit rotem Mohn …
Der Glaube:
Ein Aufschrei und ein Scherbenhaufen …
Die Ironie:
Lohn für das geschändete Vertrauen …
Die Sehnsucht:
Der Atem einer wohlbekannten Straße …
Und meine Liebe:
Nur ein verwischter Mund …
Ich fahre wieder,
Weil ich fahren muss.
Geht meine Wege nach.

Kreuzritter

Opinionleader flattert auf dem Banner.
Tief zerstritten, doch stets bekreuzt,
Driftet die westlich heilige Arroganz
Auf einem Kreuzfahrtluxusliner.
Der sture Kurs, mit inhärenter Kollision,
Soll die Kultur vor den Barbaren schützen.
Börsennotiertes Kapital
Besticht stets jeden Steuermann. –
Ich bin gebucht und fahre mit!

Mit dem durch Taufwasser versklavten Hirn
Starrt man, vom Stammplatz erster Klasse,
Auf atomares Patt, das noch äquilibriert
Auf den rhetorisch glatten Teakholzplanken.

In Talkshows werden Gefahren klein gequatscht
Und im globalen Quiz verramscht.
Börsennotiertes Kapital
Bekämpft meine Revolutionsgedanken. –
Ich bin gebucht und glotze mit!

Im Topp, an dem Antennenmast verborgen,
Ein letzter Schmetterling, ein Admiral,
Sucht nach dem Strand zum Überleben.
Bis er von Journalisten aufgestöbert,
Gehetzt nach gnadenloser Pressefreiheit,
In Headlines sauber abgeschossen wird.
Börsennotiertes Kapital
Kauft stets die Medien für sich selbst. –
Ich bin gebucht und lese mit!

Lethe-Beat dröhnt im Play-back auf Deck.
Fantastisch kostümiert in Uniformen
Stürzt sich behänd senile Hautevolee
Auf das Büfett Crème de la Crème.
Verschreckt ist selbst das Firmament
Beim pyrotechnischen Finale.
Steuerflucht schöpft neues Kapital,
Managt geschickt das Kreuzfahrtgrusical. –
Ich bin gebucht – doch steig jetzt aus!

Enttäuschung

Kreuze starren,
Weiße, zwischen nächtlichen Scheiben,
Fensterkreuze. –

Schemenhafte Silhouetten,
Hausdächer streben sehnend
In den Vollmond,
Der schwindsüchtig, bleich,
Darüber aufgehängt.
Mir wird romantisch. –

Da merke ich,
Nur meine kugelige Zimmerlampe
Spiegelt sich im Fensterglas.

So nett, nicht ganz honett

Mein Lieb, im Supermarkt, sitzt an der Kasse,
Und tippt ihr Finger, packt mich das Entzücken.
Mich zehrt die Sehnsucht, sie ans Herz zu drücken,
Zwei steile Brüste, mich betört die Masse.

Anmut und Antlitz, liebreich, holder Klasse,
Auf Blumenwiesen möchte ich sie pflücken,
Mit meinem Rittersporn im Rausch beglücken,
Ganz eng umschlungen uns die Wollust fasse.

So treibt Gott Amor mich in ihre Nähe,
Mein Seelchen zweifelt: Kann mein Glück zerbrechen?
Voll Liebeskummer schleich ich hin zu kaufen.

Wenn ich vor dem Regal mit Whiskey stehe,
Zwingen die Flaschen mich – Nachtgram zu zechen.
Sie liebt nur Tasten, verdammt mich – zum Saufen.

Am Kölner Dom

In devoten Straßen –
Stockender Lärm.
Mit gespreizten Fingern
Langt die Nacht
Vom Ost über den Rhein.
Jetzt kehren sie heim! –
Die ersten Mauersegler
Umzirkeln den gotischen Zierrat.
Dann kommen sie alle,
Umjohlen die Zinnen,
Verspielen den Tag.
Der rasende Tanz
Zerflattert meine Empfindungen. –
Ein Turmfalke kichert.
Das Johlen schwillt,
Verebbt. –
Ganz fern
Ein letztes Mal,
Und ertrinkt
Im Wasser unter den Rheinbrücken.

Schweigen, –
Filigranes Streben.

Mauersegler Silhouetten

Helios scheidet in Bonbonpapier,
Vergoldet den Kirchturm.
Schwarzbraune Schatten kreisen,

Umlärmen die Häuser.
Krie! Krie! Kryo!

Im Jasmin erwacht die Schlaggitarre
Mit hundertdreißig Phon.
Blaugrüne Schatten jetten,
Umjohlen die Zinnen.
Krie! Krie! Kryo!

Mädchen erwarten die Dunkelheit,
Neugierig auf Liebe.
Violette Schatten eilen,
Umschwärmen den Spielplatz.
Krie! Krie! Kryo!

Stumm ein Greis vor der Eingangstür.
Der Fernseher ist kaputt.
Lange Nachtschatten züngeln,
Umschleichen sein Warten.
Kryo! Krie! Kryo!

Und nehmen ihn mit?

Rechts vom Rhein

Was mir im Rücken liegt, ist Köln
Vom Nebel aufgelutscht. –
Oktoberschweres Stirnband,
Zermischt, zerschnitten, gärig-braun,
So wälzt sich träg der Rhein.
Kurz und stechend, sinnverwirrend,

Beleckt die Buhnen chemieverseuchtes Wasser.
Dumpf schwingt ein Glockenton vom Dom. –
Darauf ein satter Fall!
Schon überreif fällt aus der Krone
Die letzte Kaiserbirne.
Sofort von einem Gärtner heimgeholt.
Am Ufer Kindertanz.
Lärm! Aufbruch, Kieselknirschen.

Ich ahne – Gehen.
Ich höre – Kommen.
Das starre Turmpaar spitz zerzackt
Hat Konkurrenz am Horizont:
Ein rundes Bayer-Kreuz
Und Dioxin umhüllte Schlote.
Abstrakt hockt da ein alter Angler.
Er fischt und fischt den ganzen Tag.
Macht Beute noch zu dieser Jahreszeit.
Lastkähne ächzen heisere Schreie
Zur Ruß beschmierten Prozession.
Alaaf, alaaf!
Ganz schwach – ein Glockenspiel.
Von links – gleich über alle Brücken.

Traumwelten

Zahm sind die Füchse in der Stadt. –
Die Augen tasten,
Bis dass die Ferne messbar wird.
Milder Wortregen im Mai.
Hokuspokus blüht auf,

Wie eine Königin der Nacht.
In zuckenden Krämpfen
Ertrinken die Zimmerfontänen.
Ein Hauch kriecht wider die Norm. –
Lachen turnt herüber,
Reckt mein Standbild auf
Neben dem blassroten Feuerball. –
Starr – ohne Aureole,
Halten wir Wache.

Ein Aphorismus lockt wilde Düfte,
Die Treppenstufen hinabfließen,
Sich einen Teppich aus Blütenstaub weben,
Der alle Dornen umschließt. –
Ein humanes Gesetz
Quillt, sich mischend,
In einen Kamillensommerabend.
Formeln saugt mein Verstand,
Um die Welt zu verstehen.
Die Idee Europas wird rau und griffig,
Meinen suchenden Fingern zum Halt.
Delfine springen verspielt,
Wie Kinder auf herbstlichen Stoppelfeldern.

Salz schmeckt nach Freiheit.
Die Wellen sind hart und periodisch,
Neutralisieren den Schleim der Schnecken. –
Ein Weib streift mit der Brust meine Schläfe,
Küsst mir sanft die Augen,
Bis ihre Körperwärme mich umschlingt. –
Von den Spitzen der Fernsehtürme
Rieselt es unablässig Illusionen,

Fallen Lügen zur Wahrheit mutiert,
Mitten in elektronische Klänge.
Meine Heimat wird zum azurierten Kreis.
Und über der Synthese –
Thront majestätisch mein Schweben.

Wenn Wehmut färbt den Horizont

Die Nebel kriechen nachts in meine Täler,
Sie decken irre Hast und schrille Klagen zu.
Die Sonne steigt, schon fern,
Den zahmen Hügelzug hinauf,
Zerbricht mit kühlen Spritzern
Im frühen Tau jetzt fahler Wiesen.

Doch gegen Mittag bäumt sich Stille auf,
Die flimmernd-grau verschwommen treibt.
Dunst umdrängt geduckte Dächer.
Rauchblau zerringen Weiten,
Bis dumpf und stumpf, wie tiefes Rot,
Ein Glockenschlag herüber zittert.

Erdnahes Braun. –
Die Schatten müder Ulmen
Zerfließen bebend, ruhelos am Boden.
Weit, sehr weit, blinkt fruchtig-breit
Das Obst, von tief verneigten Zweigen,
Den Gruß entbietend zu mir her.

Der Fiedler grau gescheckte Schar
Bricht ab das einstudierte Lied.

Ein Trauermantel huscht mit leichtem Flügel,
Ihn lockt das Fallobst unter lichten Bäumen.
Am Wegrand, auf verdorrtem Stängel,
Leuchtet ein später Gruß, der Fingerhut.

Die Hummel brummt verdrossen. –
Blassgelb und ocker-grün, sepia, purpurrot,
Voll Reife, voll Stoppelfelder leerem Ahnen
Drückt die Luft. Vorbei! –
Südwärts eilt Vogellaut auf spitzem Keil.
Ein kalter Rauch flieht vom Kartoffelacker.

So wie der Same stolzer Disteln
Im schrägen Flutlicht stumm verweht,
Zerfließt mir unter meinen Augen ...
Ich weiß nicht was, erinnre mich nicht mehr.
Als Türmer wach, auf einem hohen Stuhl,
Durchdringt mich farbgetränkte Schwermut.

Zerberus

Ich schlendre Heim zu meinem Bett.
Im Kopf des Tages Resümee, –
Streng wacht da vor Cherchez La Femme,
So scheinbar lässig ein Portier.

Er protzt in weinroter Livree
Mit Silberknöpfen, goldnen Schnüren.
Raucht, was soll er um zwölf auch tun,
Gelangweilt vor geschlossnen Türen.

Die Arme auf dem Rücken verschränkt,
Handschuhe weiß, die Stiefel geputzt,
Sein Gesicht ist schwarz wie Ebenholz,
Das hat mich im Vorbeigehn verdutzt.

Traurige Augen, matt wie Kohle,
Die Mütze sitzt schief, ist auch weinrot.
Er sieht mich nicht. Er sieht keinen.
Starr sein Gesicht, denn er lebt tot.

Auch bunte Lichter werfen Schatten,
Wird noch addiert zum Resümee.
Und vor der Bar Cherchez La Femme,
Döst weiter wachend der Portier.

Leise, ganz leise

Ich habe heute meine Stadt gehört,
Mein geliebtes, geliebtes Berlin.
Die Stadt raunt leise, ganz leise verstört:
Warum willst du so bald von mir ziehn.

Ich habe heute die Türme gefragt,
Schweigend seh ich sie traurig stehen.
Die Türme haben ganz leise gesagt:
Lebwohl – und auf ein wieder sehen.

Ich habe heute in Augen geblickt,
Die Worte schmerzen, starr das Gesicht.
Die Augen glänzen ganz leise bedrückt:
Du gehst? – Vergesse uns bitte nicht.

Ich habe heute zum Himmel geschaut,
Die Wolkendecke ist dicht und leer.
Der Himmel hat mir ganz leise gegraut:
Verlasse mich nicht – komm wieder her.

Ich habe heute mein Hirn durchstöbert,
Was schreckt dich an deinem Heimatort?
Die Antwort kommt ganz leise verzögert:
Ein Leben in Wohlstand lockt mich fort.

Ich habe heute mein Gefühl belauscht,
Und horche lange, wo wohnt mein Glück? –
Im Innern hat es ganz leise gerauscht:
Zum Sterben komm ich wieder zurück.

Sturmnacht

Ein Klagen durchreißt vereinsamte Straßen.
Ein Weinen zerbricht am eisernen Tor.
Ein Rauschen verebbt in U-Bahnschächten
Und Lautsprecher treten das ängstliche Ohr.
Der Kirchturm strotzt mit stolzem Haupt.
Mein Geist stürmt wild dagegen.
Das schwarze Segel meiner Braut –
Bläht Drohung in den Regen.

Ein Banner zerschattet das magere Licht.
Ein Nachruf umirrt vergessne Hügel.
Ein stählernes Dröhnen unter dem Schritt
Und Eulen streichen mit lautlosem Flügel.
Der Wind lädt wirbelnd zum Tanze.

Die Tropfen trommeln den Takt,
Bis all mein trächtiges Sehnen –
Rasch, in einem Gully versackt.

Gewitter auf Stromboli

Geflacker zuckt durch enge Gassen.
Weißgrau hastet die Fantasie
Auf dem gelben Schein unter die Wellen. –
Aus den Ruinen entkommen Namen,
Schlagen Purzelbäume über den Dächern.
Thor tanzt um den Berg mit den Blitzen.
Grollen rollt mit dem Stein von Sisyphos.
Mandeln taumeln durch die Canna,
Klappern und wettern scharf.

Schwarzer Sand saugt die blasigen Wasser.
Ihr Rauschen ertrinkt am Strombolicchio.
Lichtblüten versinken in hyaliner Tiefe,
Bis der dumpfe Trog der Nacht
Das Gesplitter der Lichter verschluckt. –
Da durchdringt die Stille schrilles Rufen.
Die Touristen kommen den Vulkan herunter.
Sie bringen das gleichgültige Lauern mit,
Das den Körper und Geist mit Schlaf überfällt.

IDDU der Vulkan

Schwarze Muschel aus Basaltgestein. –
Eine Stimme wagt zu der Gitarre.

Geile Musikanten umschleimen die Venus:
Eine Melodie, ein Gebet und ein Schrei. –
Irgendwo meckert eine Ziege.

Getöse, der Waffenlärm von Phönizien,
Hallt im Dunkeln azurblauer Grotten.
Galeeren mit rhythmischem Klatschen,
Jetzt öffnen die Fischer die Tore des Orkus.
Betäubender Kapern-Duft. Äolus schläft ein.

Abweisend, unfassbar das Firmament.
Auf dem Vulkan pulsiert die Oleanderwolke.
Sterblich rumort es in seinen Eingeweiden.
Im zyklischen Leuchtfeuer in der Dünung
Rudern vom Strombolicchio nackte Tritonen.

Rhodos – klappern die Holzschuhe hohl.
Aus den Glocken von Sankt Bartholomäus
Reitet Pentathlos in die Olivenhaine.
Auch das unablässige Zirpen aller Grillen
Wird den Tourismus nicht aufhalten.

Schirokko

Vergessene Mythen reiten auf dir
Herüber von Afrika,
Verkleben die Gedanken,
Vertrocknen die sonnenverbrannte Haut.
Schirokko haucht mit Feueratem
Rotbraunen feinsten Wüstensand.
Pharao schickt seine Grüße,

Doch sie sind mir so fremd! –
Niederbetäubender Jasmin-Duft.
Selbst der Feigenkaktus hängt matt.
Aus den Ruinen quält sich der Skarabäus.
Die Mauersegler umkreisen den Vulkan,
Lautlos, freudlos, mit dünnem Sicheln.
Ihr stolzen Segler,
Wo bleibt euer Lärmen? –
Jetzt höre ich einen.
Es schneidet wie Obsidian.
Dazu rundum Pharaonengeflüster
Und es klagt, klingt, singt …
Wenn Schirokko weht, weht, weht …

Arrivederci

Es zittert Sommer.
Wir lachen auf schattigen Terrassen,
Fahren gedankenfrei über das Meer. –
Der Vulkan,
Silhouette einer Haifischflosse.
Verborgen hinter seinem Rücken
Lauert schon heimtückisch –
Abschied.

Diagnose

Hochnebel zieht das Wasser auf und nieder,
Zerreißt die Träume – wirr zerhackte Lieder.
Im blassen Stern wird Morgen manifest.

Er drängt die Nacht noch zögernd gegen West.

Aus Binsenwurzeln raunt dem Tag ein Mahnen.
Zur Freiheit transpiriert es aus den Fahnen.
Hochspannungsmasten dunstumwölkt spaliert,
Steigt mitten durch die Sonne – noch halbiert.

Im Tau schläft fest die Welt kurz vorm Erwachen.
Der erste Hahnenschrei erweckt den Drachen.
Erst schräg, dann fällt aus dem Zenit das Licht,
Das grell, gravitationsgebeugt, sich bricht.

Fragiler Zyklus bewirkt Kommen – Gehen.
Solang er noch rotiert, könnt ich bestehen.
Den Takt ein Zufallstreffer zelebriert,
Der uns samt Dialektik ignoriert.

Quo vadis

Psychedelisch
Zuckender Veitstanz
Zwischen hämmernden Verstärkern.
Hochgradig vereinsamt
Habe ich in der Disco stehend:
    Bässe gefühlt,
      Synthesizer geschmeckt,
        Schallwellen gesehen,
          Halogenlicht gestanden,
            Rauchgift gehört,
              Asbestfasen gerochen,
                Schweißströme getastet.

Wer will da sagen: Nein!
Wer?
Wer will da sagen: das sei die Zukunft.

Impressionistisch –
Harmonisches Mitschwingen
Zwischen zirpenden Grillen.
Vollkommen integriert
Habe ich auf der Wiese liegend:
Sonnenstrahlen gefühlt,
Himbeeren geschmeckt,
Regenbögen gesehen,
Saltos gestanden,
Singdrosseln gehört,
Grasmahd gerochen,
Rundungen getastet.
Wer will da sagen: Nein!
Wer?
Wer will da sagen: alles nur Vergangenheit!
Wer?

Abendandacht

Den Nylonschlüpfer wirft das Abendrot
Und eine Zeitansage dankt dem Tag.
Parfüm zerstäuben wilde Dornenhecken,
Das noch im schrägen Zwielicht kopuliert,
Abgas vermischt, im Dunkeln sich verliert.

Auf Hochhausdächern stehen Heimspione,
Und in der Fenster Schattenspiele zuckt

Die Sequenz vom Bildschirm ganz nervös.
Im Schallteppich des Jets erwacht –
Die Nachtigall – sie schlägt halb acht.

Kirschblüten schneien auf das Pflaster.
Von Kehrmaschinen roh malträtiert,
Trägt sie der Bach zur nächsten Klärstation.
Die Indolenz vereint die Prasser.
So nebelschwer pfeift Kaffeewasser.

Fledermäuse jagen aus dem U-Bahnschacht.
Ein Druckstoß presst den lauen Maien,
Bis dass es auf der Kreuzung zwei Mal kracht.
Von Ferne schwillt Sirenenklang,
Bis ich mitschwing – im Nachgesang.

Mittag

Es lebt das Gras.
Still neigt sich das junge Getreide.
Heide, am Teich blüht Trauerweide.
Der Kätners Kind,
Ein lauer Wind,
Durchkämmt atemlos das Land.
Es bebt das Gras
Und Mittag flimmert auf heißer Wand.

Ein weißes Licht.
Es pappeln die spitzen Bruchalleen.
Wehn, unablässig Herzblätter drehn.
Grausilbergrün,

Fontänen sprühn.
Stumpf grüßen Scheunendächer.
Ein weißes Licht
Reiht Feld an Feld zu einem Fächer.

Es strebt das Korn.
Wiegt sanft mein Schlafen wie mein Wachen.
Mitmachen möchte ich mit Lachen.
Ein Strich verneigt,
Der andre steigt.
In solchen Mittagsstunden,
Es webt das Korn,
Bin ich sogar dem Tod verbunden.

High noon

Es strebt das Gras.
Starr zittert das junge Getreide.
Heide, am Panzer Trauerweide.
Des Leutnants Kinn
Strotzt Eigensinn.
Befiehlt forsch mit seiner Hand.
Es bebt das Gras
Beim Einschlag in eine Bunkerwand.

Ein weißer Blitz.
Es pappeln feindliche Sumpfalleen.
Wehn, unablässig Lafetten drehn.
Ein scharfer Knall,
Dann dumpfer Fall. –
Stumpf splittern Wohnhausdächer.

Ein weißer Blitz
Reiht Grab zu Grab gleich einem Fächer.

Es webt das Gras.
Es trägt mein Staunen und mein Wachen.
Lachen, Weihwasser müsste krachen.
Die Bombe fällt,
Der Donner grellt.
In solchen Mittagstunden,
Es schwebt ein Gas,
Ist Krieg mit Tod und Wahn verbunden.

Siegfried der Laubenpieper

Ein Fleckchen Grün im grauen Beton,
Eingeklemmt, hat Mühe zu atmen,
Zwischen Kanal, Schiene und Straße.
Auf achtzig Quadratmetern Erde
Kämpft ein scheinbar verrückter Gärtner
Gegen Gestank, Staub und Stickoxide:
      Für einen Baum!
      Für einen Strauch!
      Für eine Blume!
      Und ab und an für einen Vogel.
Sperling, der lärmende Kulturfolger,
Rastet für fünf Minuten auf dem:
      Einzigen Baum,
      Einzigen Strauch,
      Einzigen Blumenkelch.
Hebt ab mit schleppenden Schwingen,
Denn seine Runde im Revier ist lang.

Natur, wo bleibt deine Konterrevolution?:
Gegen Glasfronten, Beton und Asphalt,
Gegen verseuchte Flüsse und Seen,
Gegen die totale Zersiedlung,
Gegen die Milliarden von Dummköpfen,
Die unsre Umwelt dem Fortschritt opfern.
    All die Bäume,
    All die Sträucher,
    All die Blumen,
    All die Vögel …
Auch den Sperling, den Omnivore.

Auf achtzig Quadratmetern
Kämpft mit nackten Händen ein Pieper
Wider die organisierte Mafia.

Zugbilder

Rubinfeuer spitzt von schräg
Über die lebhaften Zacken der Wälder.
Bis blitzschnell die Bäume näher rücken,
Und rotes Gelichter im Maschendraht,
Wild zerhackt, wider Nord-Ost schicken. –
Zurück, zurück – zurück …

Eine Backsteinmauer flammt.
Schornsteine stecken rauchend darauf.
Denkst du noch an unseren Schulweg?
Telegrafenstangen summen ein Lied
Mit dem drahtigen Schweif-Bogen-Ruck. –
Vorbei, vorbei – vorbei …

Ein Kran wacht am Horizont.
Dreht sich dann langsam, kaum merklich,
Um nach links in die Nacht zu jagen.
Ich denke an vergangene Stunden.
Wie Paukenschläge starben die Jahre. –
Weiß-rot, schwarzgrau – blaugrün …

Das Zittern des Flussbandes
Wird im Dröhnen der Brücke sichtbar.
Über den Lichtketten dösender Dörfer,
Neckt mich sekundenlang tiefbraunes Haar.
Etwas quetscht sich hinaus, flieht zurück. –
Toktok, toktok – toktok …

Ein strahlender Tag

Kassandrisch Finkenschlag. –
Erbrochenes Morgengrauen,
Von Strahlen aktiviert,
Durch Stahl und Steine dringt. –
Ein Keil!
Der Kranich zieht.
Sein wildes Rufen eilt,
Hast erfüllt,
Dem Flügelschlag zu folgen.

Im aufgeblähten Horizont
Blinzelt Aurora ganz verspielt
Vom Kuppel-Ei
Des Meilers Tschernobyl. –
Finkenschlag!

Hoch radioaktiv
Schon mutativ gesungen.

Die Wellenreiter

Umsternt verkreisen lautlos Radiowellen.
So braunzerschlissen gärt noch Untergrund.
Salopp verlassen heute Kriegsberichte,
Ätherisch rein, den makellosen Mund.

Aus bunten Kieseln, in Beton vergittert,
Aus Flügelstaub und Napalmfeuer
Webt sich ein Ordenskleid die Macht,
Zeugt blind ein Krisenungeheuer.

In Kneipen ist Vergeben eingekehrt.
Die Tagesschau im Bierglas integriert.
Ganz eilig wird ein Fernsehturm
In Kinderzimmern sanktioniert.

Das Wort zum Sonntag schnurrt beim Freien,
Wird defloriert vom Wohlstandsleben.
Der Mondschein bleibt, wie mein Protest,
An Kunststoff-Außentüren kleben.

Zukunftspläne

Wenn knallend hell
Kastanien auf Blaubasalt
Und glimmerndem Granit

Im freien Fall zerplatzen,
Verendet diese dunkelbraune Schar
Vom Humanismus groß gesäugten Idealen,
Mit benedeiten Sprüngen,
Fast unbemerkt,
In dem verlogenen System.

Wenn Nebel satt vom Berg
Das Brunft-Geröhre
Schon kalte Luft durchzittert,
Erinnerungstief in Trance gewittert,
Die Deckel analytisch angehoben,
Da zwängt sich aus den Grüften
Die tot geglaubte Leichenhorde.
Meine gestohlene, verlorene Zukunft
Feiert nochmals Auferstehung.

Mein eschatologisches Fest? –
Doch dann hämmert,
Klar und deutlich, der Specht
Die Antwort
Auf der digitalen Tastatur:

Lupus a non lupendo!

Frühlingsgewitter

Schwül drückt die Luft auf den Asphalt.
Ein Mückenheer rockt Zitterreigen.
Im Grün von matten Birkenzweigen
Wirbelt Papier vor dem Discount.

Segler rasen durch die Gassen.
Ein Jet entflieht noch schnell der Nacht.
Das Licht gerinnt, worauf es kracht,
Hochspannung zuckt am Firmament.

Haufenwolken türmen steil hoch.
Die Windbö aus der Rolle walzt,
Bis Donnerschlag zum Hagel schnalzt,
Den Druck von meinem Ich abbaut.

Im Weinglas stirbt die Lethargie.
Mein Mund saugt gierig neues Leben,
Und zwischen Blitzes-Donner-Schlägen,
Steigt ein Gefühl von Hoffnung auf.

Wenn der Wind stirbt

Im dürren Röhricht orgelt der Wind.
In kurzen Stößen sticht er geschwind,
Verworren dreht ein wogendes Zittern,
Bis starre Halme wie Glas zersplittern.

Der Rohrdommel dumpfes Nebelhorn.
Noch einmal erstarkt der Wind voll Zorn.
Er bäumt sich auf, dann siecht er dahin,
Sterbende Gottesanbeterin.

Geräuschlos zerreißt das Wolkenfell.
Nacht gebiert Sterne, der Mond grinst hell.
Am alten Weidenstumpf geistern Lichter,
Dann fließt die Stille in einen Trichter.

Das Schweigen wird zum Pfeil komprimiert,
Im Bogen gespannt, auf mich zentriert.
Wenn der Wind in sich zusammenbricht, –
Da möchte ich schrein! – Wage es nicht.

Zweifel an Morgen

Das weiße Leintuch dieser Nacht
Grüßt rot verschmiert den jungen Morgen.
Und in der Landschaft voller Pracht,
Sei unterm Schnee mein Glück verborgen,
Das wie der Maulwurf stumm ergeben,
Die Hoffnung hegt aufs Weiterleben.

Dumpf durchtrieben knarrt es im Wald.
Entflohen sind die Jubellieder.
Es funkelt, blinkt kristallisch kalt
Und Eis spiegelt die Reise wider.
Auf Schnee beladnen Tannenzweigen
Wiegt Schuberts Melodienreigen.

Ganz atemlos die Windbraut lauscht.
Dann kommt Bewegung in das Schweigen.
Die Federwolken ausgetauscht
Zu einem Wetterumschwung neigen.
So schnell kann sich die Stimmung drehen,
Gefährlich Zaunpfahlreihen stehen.

Ein Sturm facht auf, es peitscht, es schneit,
Er türmt den Schnee zu hohen Wehen,
Das alles in ganz kurzer Zeit,

Mein Glück, wenn's taut, kann es vergehen?
Der Zweifel kommt mir auf die Frage:
Gräbt nur der Maulwurf sich zutage?

Nekrolog auf Fidel

Nicht mit Beten und Hände falten,
Mit der Waffe im Arm hast du Cuba
Von den Schmarotzern befreit.
Blut klebt an deinen Händen,
Denn die Revolution ist kein Pfaffen-Deal.
Du hast alles auf dich genommen,
Um der gerechteren Welt willen.
Weil die Kirche solenn harmoniert
Mit den Fleischtöpfen der Reichen,
Hast du den einzigen Bruder Marx
An ihren verwaisten Platz kanoniert.

Dafür haben dich habgierige Spekulanten
Als Diktator weltweit gebrandmarkt,
Denn mit ihren scheinheiligen Medien
Konnten sie das Volk nicht mehr verblöden.
Mit Halleluja wollten sie dich ermorden.
Schickten die Killer der CIA zur Insel,
Um die Ausbeutung erneut zu etablieren.
Hast die amerikanischen Zuhälter,
Die kapitalistischen Großkonzerne
Und die Verachtung der Armen – zurück –
Über das Meer in ihr Zuhause gejagt.

Jetzt essen alle bescheiden im Land,
Nicht wenige viel und die andern nichts.
Jetzt können alle lesen, schreiben, urteilen,
Sie scheißen auf den American way of life.

Danach besuchten dich die listigen Päpste,

Im Kelch die Mentirita kanonisiert,
Dir den Glanz deiner Revolte zu stehlen,
Um ihr feiges Versagen zu kaschieren.

Doch aufgepasst! Die Dekadenz
Schleicht wie ein Nebel über den Teich.
Kürt schnell einen neuen Fidel, Che,
Bevor sie einen Statthalter inthronisieren.
Denn vor den prächtigen Buchten Cubas
Kreuzt bekreuzt unablässig Miss Piggy,
Will das Rad der Geschichte zurückdrehen,
Erneut euch beglücken mit Fast Food und Cola.

Cubaner gedenkt stolz eurer Befreier.
Verschmäht in Gedenken den Cuba Libre.
Trinkt euren Rum lieber pur – und frei!

Was menschelt da?

Mit dem Ästchen der Hominiden
Sind Philosophen unzufrieden.
Ihr Trachten strebt nach Gott geboren,
Als Erdenherrscher auserkoren.
Pongiden in derselben Klasse,
Undenkbar für die Menschenrasse,
Die nichts gemein hat mit den Affen,
Welche nur tumb und blöde gaffen.

Doch Homo sapiens Höhenflug,
Bleibt nur ein Glaubens-Selbstbetrug.
Die Varietät schon Mensch zu nennen,

Dem sollt Verstand ein Vorbild kennen:
Schweitzer, Gandhi, Mutter Therese
Sind gut gesetzt als Hypothese.
Doch wird vor Eifer übersehen,
Hier könnten andre Namen stehen.

Djabar, Lopes, Haarmann und Cantu,
Eichmann, Hitler, Stalin gleich dazu,
Die Gräueltaten von Faschisten,
KZ bis Gulag aufzulisten ...
Unterdrückung, Genozid und Krieg,
Sind Beispiele für des Wahnsinns Sieg.
Nur die Verbrechen füllen Seiten,
Die guten Taten – Minderheiten.

Homo, das Tier steht außer Frage,
Obwohl man laufend heutzutage
Noch apologetisch hintertreibt,
Auf dass die Mär rentabel bleibt.
Anthropologisch exakt skaliert,
Dank Wissenschaft oft verifiziert,
Ist Evolution heut ein Verdikt,
Das Glauben – heim zur Wüste schickt.

Ein Missing Link längst ausgegraben,
Ist auch im Stammbaum eingetragen.
Präsent ein Werk aus einem Guss,
Führt folgerichtig zu dem Schluss:
Die Zeit ist reif zum Zukunft planen,
Wie kluge Denker dringlich mahnen.
Doch unsre Gott ergebnen Leiter,
Sie bringen uns kein Jota weiter.

Die DNA ist rechnersequenziert,
Der Chromosomensatz voll integriert.
Die Doppelhelix wächst im Labor.
Homunkulus grinst, pocht laut ans Tor.
Man will das Homo-Viech verbessern
Durch Teilung mit den Lasermessern.
Ein Neokeim aus der Retorte
Zeugt die perfekte Menschensorte.

Milliarden Jahre hat die Natur gebraucht,
Bis Australopithecus ist aufgetaucht.
Millionen Mal mutiert das Leben,
Jetzt müsst der Mensch die Zeit ihm geben.
Nach tausendfachem Ausprobieren
Kann Sapiens nicht ad hoc mutieren.
Wir sind dabei, uns auszurotten.
Ohne Verstand! Ich kann nur spotten.

Kein Wunder hilft, kein Händefalten,
Kein Stoßgebet, es bleibt beim Alten.
Den Exitus noch zu vermeiden,
Muss Wissenschaft vom Fach entscheiden.
Die Politik zum Teufel schicken,
Nachhaltig fressen, saufen, ficken,
Religion wird Aberglauben,
Statt Bomber fliegen Friedenstauben.

Den Globus rundherum entgiften,
Das Kapital, die Banken liften,
Der Menschen Zahl sinnvoll beschränken,
Beim Wohlstand auch an alle denken.
Wir müssten Rückschritt programmieren,

Nur Nötiges noch produzieren,
Natur auf Eigenheit justieren,
Das Gleichgewicht neu kalibrieren.

Was lässt uns für die Zukunft hoffen?
Zwei Wege stehen uns nur offen!
Crispr, Erbgutschere im Labor,
Bringt den gewünschten Typ hervor.
Mutter Natur wird zeitlos weben,
Nach Trial and Error schafft sie Leben.
Kein Anlass drum zur Euphorie,
In unsrem All wächst Entropie.
Der edle Mensch – nur Theorie.
Und bleibt bis dato – Utopie.

Itys

Was zurrt der Wind um die Mauern Athens?
Zerfallende Gassen durchrast sein Geist
          und fragt: Warum?
Vergewaltigung flieht auf dem Eselskarren.
Über der Akropolis pfeift ein Gebet
          und fragt: Warum?
Stumm hängt das Bildkleid vom Balkon.
Die Nachtigall äugt aus den Zweigen
          und fragt: Warum?
Der Fliegen Gebrumm erhöht die Stille.
Auf dem Tisch der Rest vom verschlungenen Mahl
          und fragt: Warum ich – Itys?
Sein Geist scheucht ohne Ruhe.
Er hasst der Nachtigallen Lied,

Meuchelt die Schwalben,
Erwürgt den Wiedehopf!
Die Vögel fliehen vor ihm –
  und er fragt und fragt:
Ityn, ityn – warum ich – Itys?

Eine Party

Artemis eilt fliehenden Schrittes,
Von geilen Schwanenhälsen verfolgt,
Selbst in Gefahr, gen Gethsemane,
Ruhe zu finden am Tore des Schlafes.
Bacchanal! –
  Die Trinkhörner krachen.
Glockenspiel der Becher,
  Zecher, Bacchantinnen.
Mit viel Blech das große Halali geblasen!
Dionysos zapft bis zum Koma
  Starkbier in durstige Kehlen.

Die hohe Stirn in Zornesfalten,
Mythische Jungfrau mit Furienaugen,
Gebietet die Göttin Keuschheit
An der Stätte mystifizierten Kampfes.
Rock 'n' Roll! –
  Fleisch lebt im Verlangen.
Partygeschrei befleckt Tugend.
  The show must go on.
Mit viel Blech das große Halali geblasen!
American way of life,
  Hasch weht es von überall.

Abseits, versteckt hinter einem Diwan,
Eine ordinäre Flasche Schnaps.
Götter und Menschen sterben nicht,
Bleibt ihnen Ambrosia versagt.
Per eat! –
          Apoll ex machina.
Silene steigen siegend auf,
          brechen Schranken und Hymen.
Mit viel Blech das große Halali geblasen!
Treppen unter Neonbögen,
          schwankenden Ganges Artemis.

Nackte Lenden schlagen auf Kanten.
Wie kommt das Klavier nach Gethsemane?
Zeus, Jupiter, Mohammed und Buddha,
Allah, Gott – gemeinsam als Voyeure.
Satyrspiel! –
          Bildnis aus Feuer und Wasser,
Gemme der Wiederkehr
          baumelt an jedem Busen.
Mit viel Blech das große Halali geblasen!
Eine schleimige Wahrheit
          stöhnt blutig im Rausch geboren.

Aus dem Seienden einer WC-Schüssel

Der schlauen Griechen Zeugnis von Kultur,
Samt Krieg, Gewalt und uferlosem Leben,
Konnte der Ton, Geschenk aus der Natur,
Durch Keramos dem Ungeist Ausdruck geben.
Im Bauch der Erde feixt das Mineral

Über den Kitsch von Hutschenreuther, Meißen;
Nur ein Gebrauchsprodukt wird zum Fanal.
Der Ofen brennt's und dient dem Zweck legal,
Sanitärkeramik glasiert zur Weißen,
Die Schüssel prangt als Denkersitz beim Scheißen.

Die Feinkeramik jubiliert bescheiden:
Im stillen Ort wallt lieblicher Gestank,
Und den Beschiss wird Porzellan ihr neiden,
Als Lohn klingt Furzkonzert versprühter Dank.

Vor dem Design werden Experten stehen,
Schlau über die Ästhetik fantasieren,
Nur ein WC kann Ärsche so klar sehen!
Wenn auf dem Klo Innovationen blähen,
Die Sitzung kann heureka implizieren,
Ein Scheiß das Dasein revolutionieren.
Biete Variation der letzten drei Zeilen an:
Ruft dich der Donnerbalken, musst du gehen,
Heureka kann zur Sitzung detonieren,
Ein Schiss dein Weltbild revolutionieren.

SMS mit Priorität

Das Handy am gepiercten Ohr –
Kommt dir die Welt wie deine vor.
Jetzt bist du wer, bist total in,
Und scheinbar kriegt dein Leben Sinn.

Mit Internet global vernetzt,
Weidwund vom Fortschritt stumm verletzt,

Bist du für jeden Schwindel reif:
Grandios verkauft vom way of life.

Bist amputiert auf eine Hand.
Zur Hälfte gilt's für den Verstand.
Dein Auge auf das Display starrt,
Ob's SMS piepst auf dem Smart.

Du sitzt im Zug, im Park, am Meer,
Trägst stets dein Handy vor dir her.
Und schiebst und drückst ein geistlos Spiel,
Oft auch noch online, ohne Ziel.

Auf Twitter, Facebook stell-dich-ein,
Willst du was ganz Besondres sein.
Wann du was isst und wie du pisst, –
Was denkst du Blogger, wer du bist.

Kannst Fotos schießen hint und vorn.
Nimmst jeden Scheißdreck gleich aufs Korn,
Noch schnell ein Selfie-Supershot,
Der dient den Freunden dann zum Spott.

Opinionleader, Wohlstandspack,
Verkünden dir den Zeitgeschmack.
Die kriegen's gratis, hör gut zu,
Wer dafür blechen muss – bist du.

Kaum angepasst, für dich ist's geil,
Vorbei der Trend, du bist derweil
Längst out. Auf geht's, neu eingecheckt!
Jetzt merkst du, wie dein Geld verreckt.

Du hast den Dreh noch nicht durchschaut?
Dir wird dein letztes Shirt geklaut.
Hat dich ein Schnäppchen angelockt,
Wirst du eiskalt dann abgezockt.

Kommerz sich in sein Fäustchen lacht,
Wenn er den Megareibach macht.
Ein Handy mit 'ner Prepaid-Sim
Befreit vom teueren Klimbim.

Apps, Gigabyte, Flatrate und Co,
Dazu der irre Spielpark Zoo,
Die sind Ballast nur unterm Strich,
Auf keinen Fall Gewinn für dich.

Dir nutzt ein Telefon? Na gut,
Gebrauch's, wie es ein Weiser tut.
Und fühlst du dich im Herz allein,
Ganz effektiv – quatsch mit 'nem Stein.

Ach ja, da wär 'ne Kleinigkeit:
Zum Glück, noch ist es nicht soweit,
Bezahlt wird künftig digital,
Adieu dem Geld, das war einmal.

Wer, wann, wo, was und für wie viel,
So kriegst du letztlich ein Profil.
Sag deiner Freiheit gute Nacht,
Jetzt lebst du gläsern – überwacht.

Wirst idealer Konsument,
Von dem man selbst sein Arschloch kennt.

Dein Handy pfeift dich zum Statist,
Man will, dass du dein Selbst vergisst.

Als Mensch verkümmert, ohne Ich,
Entscheidet Kapital für dich.
Zufällig, wie die Schnuppe fällt,
Irrst du trotz Smartphone durch die Welt.

Nur die Erkenntnis dich befreit.
Verloren sonst die schönste Zeit.
Wach auf! Hörst du, der Geldhahn kräht,
Noch ist's zur Umkehr nicht zu spät.

Erkenntnis

Beruf Holzfäller. Name: Franz Breit.
Eines Tages kam es soweit;
Er hieb die Axt in den Fichtenstamm,
Spuckte im Bogen und sagte dann:
„Ich gehe heut Nacht auf den Berg!"

Sein Partner Beckmann war ganz erstaunt.
„Na und?", grunzte er schlecht gelaunt.
Breit scheuchte die tanzenden Mücken,
Klopfte dem Kumpel auf den Rücken:
„Will sehen, wie es draußen steht."

Verpackte ein Stück Wildschweinschinken,
Ein halbes Brot, Bier zum Trinken.
Steckte sich Kautabak in den Mund,
Ging stracks zur Hütte, pfiff seinen Hund:

Nimmt das Gewehr und nickt: „Ade."

Beckmann, der dösend am Waldrand stand,
Hatte die Axt noch in der Hand.
Sah Breit enteilen mit forschem Schritt,
Gab seiner Schnapsflasche einen Tritt
Und knurrte: „Es hat keinen Zweck!"

Der Tann war finster, doch heimatlich.
Unter den festen Stiefeln schlich
Sie zurück die geliebte Stille.
Breit trieb nur sein eiserner Wille,
Die Augen wieder zu wagen.

Schütter und lauter wurde der Wald.
Wind fachte auf, die Nacht war kalt.
Lichterketten fern über dem Meer,
Quälendes Rauschen klang von daher,
Das Locken der Metropolen.

Musik mit Rhythmus drang an sein Ohr,
Gaukelte ihm Vergnügen vor.
Glück und Reichtum, doch Breit widerstand,
Blickte stumm auf die felsige Wand,
Den schweren Aufstieg beginnend.

Im Morgengrauen war er oben.
Dicke Nebelschwaden schoben
Sich zwischen Auge und jenes Land,
In dem dereinst seine Wiege stand.
Breit wartet klamm auf die Sonne.

Er blickte vom Berg, jetzt Wind umbraust,
Packte sein Brot mit derber Faust,
Schnippte den Korken über den Grund,
Teilte sein Frühstück mit seinem Hund –
Und ist ganz seltsam befangen.

Er kaute das Fleisch still vor sich hin,
Geschichte kam ihm in den Sinn,
Ein Pakt aus vorchristlichen Zeiten
Musste ihn zur Einsicht geleiten:
Man kann die Dummheit besiegen.

Ägyptens Fürst, Ramses der Große,
Holte aus zum Todesstoße,
Das Reich der Hethiter zu stürmen.
Gelangte bis zu Kadeschs Türmen
Mit sieggewohnter Sicherheit.

Doch Muwatalli, Hattusas Sohn,
War gewarnt, erwartet ihn schon.
Am Orontes entbrannte die Schlacht.
Die Hethiter wehrten sich mit Macht.
Die Söldner Ägyptens fliehen!

Der Krieg verschleppt, noch unentschieden,
Da bot Hattusilli Frieden.
Pharao, weise, reichte die Hand.
Ein Vertrag beide Reiche verband.
Sie zeichnen mit ihrem Siegel.

Ein Text ward in Silber gegossen.
Blieb so der Nachwelt erschlossen.

Nahr al-Kalb galt als Grenze fortan,
Die Herrscher hielten sich strickt daran.
Sie wollen in Frieden leben.

Hattusilli, des Königs Bruder,
Lenkte schlau des Staates Ruder.
Krönte mit Weisheit den Friedensbau.
Gab Ramses seine Tochter zur Frau,
Vermählt die beiden Kulturen.

Istar und Amon lebten vereint.
Siebzig Jahre wagte kein Feind,
Die Ruhe der Reiche zu stören.
Erstaunlich, dies heute zu hören,
Nach über dreitausend Jahren.

Breit verneigte sich vor den Alten.
Doch was dann vom Fortschritt halten?
Als Sonnenlicht auf die Erde fiel,
Erkannte er das Janusprofil:
Starrend nach Westen und Osten.

Jedes System überzeugt vom Sieg,
Führte verbissen Kalten Krieg.
Rechts freie Wirtschaft, imaginär,
Links Kollektivismus, doktrinär –
Rechtfertigen jedes Mittel.

Die Freiheit vor dem Zwang erretten,
Arbeiter auf Rosen betten,
Ansonsten stehen die Räder still,

Den Frieden sichern durch Overkill …
So hämmert man mit Parolen.

Staatspolitik durch Quatschen lenken.
Die Moral heißt Wohlstandsdenken.
Die Kollektivschuld schnell vergessen,
Was auch gelingt beim großen Fressen.
Wie immer Null der Lernerfolg.

Erst gestern war's, als die Trommel rief,
Gewissen unter Fahnen schlief.
Sieg Heil und Amen! Ade Kritik.
Befehl blind befolgt bei Marschmusik.
Sie ruhen in Massengräbern.

Aus Prothesenkunst und Waisenglück
Hecken Lügner ein Rührseelstück.
Lustig heroischer Breitwandschund,
Geschichtsbetrug nach Gedächtnisschwund,
Das Volk stets neu zu begeistern.

Dass es gelang, das kann Breit jetzt sehn.
Völker bei Fuß in Waffen stehn.
Entmündigt und selbst ohne Willen,
Bereit auch atomar zu killen.
Unfassbar bleibt es der Vernunft.

Breit zischt: „Das geschieht den Schafen recht.
Wer Demagogen folgt, wird Knecht."
Enttäuscht setzt er sich wieder in Marsch,
Wendet sich ab, schreit: **„Leckt mich am Arsch!"**
Und geht zurück in die Wälder.

P.S.: Seitdem die Wälder, in denen Breit Urteile und Bäume fällte, abgeholzt und für Nordic Walking freigegeben sind, vegetieren seinesgleichen ohne Arbeit, Heimat, Deckung und ohne Hund in Kneipen und versaufen ihre Hartz III oder IV.

Montagsbeichte

Vorm Dom zerreißt mich Bangen – Hoffen.
Ich fühl mich mickrig wie 'ne Laus.
Gewissen würgt mich tief betroffen,
Weltsünden treibt's aus mir heraus.
Will mich in Freimut offenlegen,
Das Sakrament der Beichte hegen.

Unterm Portal schon Zweifel nagen,
Nur Mief im Schiff, sonst menschenleer.
„Wohnt hier ein Gott?", hör ich mich fragen,
Die Tauben scheißen krank umher.
Heut ist der Tag steht's angeschrieben,
Zum Glück, ich bin allein geblieben.

Der Priester, aufrecht, ist am Warten.
Ich wähl das Zimmer, nicht den Stuhl.
Wir sehen uns, kann sitzend starten,
Ich merk es gleich, der Typ ist cool.
Der Diener sagt: „In Gottes Namen."
Ich heb den Kopf und nicke: „Amen. –

Erzsünden sind es, die mich plagen,
Ich suche hier Verständigkeit.
Zu Anfang will ich offen sagen,

Stillschweigen mir mein Ich entzweit.
Zudem noch – Widersacher lieben?
Das heißt, Vernunft ins Jenseits schieben.

Mein Naturell wählt korrigieren.
Ich habe gründlich reflektiert,
Zehn Punkte will ich resümieren,
Sonst wird die Beichte kleinkariert.
Ich sollt's wie die drei Affen halten
Und endlich den Verstand abschalten."

Den letzten Satz, den könnt man loben,
Der Priester nickt verständnisvoll.
Er bleibt der Sender nur nach oben
Und kämpft, ob er was sagen soll.
Doch ist sein Part Müllschlucker spielen,
Ohne zur Welt des Diesseits schielen.

Erste Sünde:
Was macht der Mensch mit seiner Erde?
Das ist doch völlig hirnverbrannt.
Da quatscht und quatscht 'ne Hammelherde,
Die Lösung ist doch längst bekannt.
Raubbau und Menschen reduzieren,
Wird auch das Klima reparieren.

Zweite Sünde:
Die UNO-Charta – Weltgewissen,
Ein schönes, tot gebornes Kind.
Die Resultate sind beschissen,
Weil die Aktionen Tarnung sind.
Auch fehlt das Geld, es fehlt der Wille,

Drum stirbt der Menschen Recht in Stille.

Dritte Sünde:
Monströs der Bau, Amphitheater,
Das ist Europas Parlament.
Für Delegierte und Berater,
Ihr Auftrag amphigurisch pennt.
Ein Eurodrama wird gegeben,
Zuschauer im Delirium schweben.

Vierte Sünde:
Mit unbegrenzten Möglichkeiten
Verlockt das Vorbild USA.
Verarscht beim Wahlkampf-Bullenreiten
Das Volk, wie es die Welt nie sah.
Fuck-smiling-show wird uns auch blühen,
Wenn Skunks im Netz Selbstsucht versprühen.

Fünfte Sünde:
In Börsen, Banken – Hasards toben.
Legal, gesetzlich sanktioniert,
Wird virtuell ein Wert verschoben,
Gewinn – bar – steuerfrei kassiert.
Dem Kapital-Hai ein Vergnügen,
Wie Spekulanten Plebs betrügen.

Sechste Sünde:
Teuflisch die Diskrepanz, das Haben,
Die Schere zwischen Arm und Reich.
Machtgier vertieft sozial den Graben,
Erst nach dem Tode sind wir gleich.
Plutokratie geht weiter klauen,

Darf Brüdern in die Fresse hauen.

Siebte Sünde:
Die Pressefreiheit zugestanden,
Nur von den Medien kontrolliert,
Moral und Anstand längst abhanden,
Auch Abschaum hat sich etabliert.
Sein Machwerk kennt nur ficken, killen,
Das sei, so heißt es, Volkes Willen.

Achte Sünde:
Schön quatschen, quackeln, merkeln, plauschen,
Politikus, Hänschen im Glück,
Nach Meinungsforschung – Ansicht tauschen,
Man lügt sich aufwärts, Stück für Stück.
Staatskunst: in Egotismus strotzen –
Pervers, Demokratie zum Kotzen.

Neunte Sünde:
Das Volk, zu dem gehörn wir alle,
Samt Katz und Hund geil animiert,
Lockt der Konsum zur Antriebsfalle.
Wir lassen uns, wie vordiktiert,
Von trügerischer Werbung öden,
Sind als Verführte am Verblöden.

Zehnte Sünde:
Im Prunk von Nächstenliebe reden. –
Fromme Fiktion: Gott existiert.
Er weiß doch alles über jeden,
Dann wärn die Heuchler angeschmiert.
Er würde Hollywood beenden,

Dem Heil'gen Stuhl Inferno spenden.

Womit wir nun beim Ablass sind:
„Weltsünden sind's, den Schlaf mir rauben,
Ich bin ein schwankend Menschenkind,
Mir widerstrebt's einfach zu glauben.
So ist's – kann ich nie akzeptieren,
Muss rational – verifizieren."

„Nicht mir obliegt's zu kommentieren",
Mein vis-à-vis hebt seine Hand:
„Man kann in Blendwerk sich verlieren,
Beim Glauben – Zweifel dem Verstand.
Dein stummes Urteil, Kopfes Denken,
Dem wird der Schöpfer Achtung schenken.

Was objektiv die Sinne sichten, –
Ob redlich du im Herzen bist?
Der Herr hoch droben wird es richten,
Ob Wahrheit uns verführt mit List.
Den Ablass muss ich vorbehalten,
Noch ist der Geist in Rom gespalten."

Jetzt aber donnert seine Stimme,
Vergessend, dass geweiht er ist:
„Nur heimlich denken ist das Schlimme,
Du bist doch mündig, auf geht's Christ!
Die Missetat sei dir vergeben.
Beginn im Herrn ein neues Leben.

Bußwerk will ich dir auferlegen.
Kauf dir sofort ein Megafon,

Die Stimme muss sich lauthals regen."
Modern der Mann, ich hör's am Ton.
„Noch eins, Vulgärlatein dein dichten,
Im Duden Synonyme sichten."

„Was aber", fang ich an zu zagen,
„Ein Angriff mit der Flüstertüte?
Kann ich es gegen alle wagen?
Das geht nicht gut, drum Gott behüte.
Man wird sofort 'nen Rechtsdreh finden,
Mich mundtot hinter Gittern schinden."

Der Kirchenmann schreit höchst erbost:
„Allein! Gott geht mit dir zu streiten!"
Das ist für mich ein schwacher Trost,
Millionen sollten mich begleiten.
Zeitnah und edel sein Verhalten,
Kommt's nicht von oben, bleibt's beim Alten.

„Vertraue mir", spricht er mit Hast,
„Absolution dir zu erteilen,
Besuch ich dich in jedem Knast. –
Ich schwör's, halt nein, mich packt's zuweilen."
Die Dogmen legen ihn in Ketten. –
Er würde gern den Ursprung retten.

Und letztlich waren's zehn

Mit Neun warf ab ihn Pegasus,
So hieß der Shetland Hengst verwegen.
Statt Musen- gab's 'nen Pferdkuss,

Blindlings sein Schicksal vorgegeben. –
Willst auf dem Olymp
        du göttlich residieren,
Muss Homers Notruf
        am Anfang funktionieren.

Die Kunst, wer sich in ihr erprobt,
Sollt auch der Lyra Saiten schlagen.
Apollons Quelle fern, gelobt,
Mit Frust muss er Parnass entsagen. –
Fehlt Dichterwasser,
        wer sollte ihn beflügeln?
Apollonaris
        hilft nur bedingt beim Zügeln.

Im Rausch verging ihm seine Zeit.
Vor Klio durft er sich verbeugen.
„Mein Sohn", sprach sie, „es ist soweit,
Lass deiner heldreich Taten zeugen." –
Die Analysis:
        pathetisch, nur Gehabe.
Valet Annalen,
        trag deinen Ruhm zu Grabe.

Theaterdonner zieht herauf.
Melpomene soll ihn inspirieren.
Er steht, da geht der Vorhang auf,
Und muss sich tragisch inszenieren. –
Ein glatter Reinfall.
        Es buht das Publikum vor Wut.
Nur Laienspieler!
        Ihm fehlt Talent im Blut.

Aus hohen Sphären klingt Musik.
Terpsichore beginnt den Reigen.
Auch hier erprobt er sein Geschick,
Will tanzend ins Elysium steigen. –
Bei zarten Elfen
        will er sein Glück erkunden,
Doch seine Füße –
        bleischwer und erdgebunden.

Dann wird es totenstill im Saal.
Der Zuschauer erstarrt vor Schrecken.
Die Komik ist banal trivial,
Er will bukolisch Beifall wecken. –
„Schmierenkomödiant",
        man johlt und Eier fliegen.
Thalia sie lacht,
        dass sich die Bretter biegen.

Euterpes Kuss den Dichter kürt.
Er soll der Welt ein Zeugnis geben,
Mit dem Gefühl, das ihn berührt,
Preist er der Seele Innenleben. –
Zu Aulos Klängen,
        verklärt in seiner Klause,
Schreibt er mit Herzblut,
        doch reicht's nur zum Banause.

Wenn die Hormone in der Nacht,
In deiner Brust die Liebe wecken,
Erato lockt mit Sehnsucht, Schmacht,
Wenn Fantasien dich hold erschrecken …
Die Feder blutet,

der Leier Saiten zagen. –
Jetzt wo's drauf ankommt,
     die Worte ihm versagen.

Die Himmelskugel ihn verzückt.
Doch Relativität verstehen,
Ans Limit grenzt; er schweigt bedrückt.
Den großen Bär, den kann er sehen. –
Urania setzt
     Raum und Zeit gleich emergent.
Im Horos-Pokus –
     schwebt sein wahres Firmament.

Die Hymne preist, Kithara klagt,
Dann spricht der Chor ein machtvoll Zeichen.
Auch er ein Lobessolo wagt.
Es kann die Muse nicht erweichen. –
Polyhymnias
     Verriss ganz unverhohlen:
„Rupf die Gitarre
     und bleib beim Volkslied johlen."

Mit holder Stimme sie erzählt,
Von Taten in vergangnen Zeiten.
Ihr Wort, rhetorisch ausgewählt,
Soll die Geschichten weit verbreiten. –
Den Wissenschaften,
     dem freien Geist ein Tempel,
Setzt Kalliope
     mit Weitsicht ein Exempel.

Hier ist des Denkers Heimat-Hort.

Philosophie soll triumphieren,
Die Ideen, klangreich im Akkord,
Im Transzendenten fabulieren. –
Ad infinitum
        die Varianten sprießen.
Doch wer ernsthaft forscht,
        muss mathematisch schließen.

Er will beim letzten Musenball,
Als Essayist sich präsentieren,
Und hofft auf breiten Widerhall,
Die Muse soll es redigieren. –
Ihr barsches Urteil:
        „Ab, zum Heer der Statisten.
Dein Potenzial reicht
        grad noch zum Journalisten."

Er denkt, nun ist die Kür erfüllt,
Da rockt ein Vollweib auf die Bühne.
In Gold und Edelstein gehüllt,
Pecunia, genannt die Kühne. –
Spät, nach Seitensprung
        auf Helinass geboren,
Zeus legalisiert,
        als Blüte auserkoren.

Ihr Attribut ein Stier plus Bär,
Um Beistand die Konzerne zanken,
Sie tricksen link das Ungefähr,
Beim Hasard in den Börsen, Banken. –
Der zehnten Tochter
        Maske bleibt ambivalent.

Vor Nächstenliebe –
    Gier eiskalt im Herzen brennt.

Pecunia mit Pathos spricht:
„Mir sind geweiht in allen Landen,
Heil'ge Banktempel dicht an dicht,
Die größer nie auf Erden standen. –
Sie sind das Sinnbild
    meiner wahren Macht – das Geld.
Nur spekulieren,
    wetten, spielen schätzt die Welt.

Wer mich anruft", fügt sie stolz an,
„Dem will ich meine Gunst erweisen.
Ich mache ihn zum reichsten Mann,
Ihn wird das Volk wie Krösus preisen.
Erfolg ist gratis
    bei den Schwestern garantiert.
Ich bin's, die Kühne,
    die den Globus jetzt regiert."

Die News ihn glatt vom Hocker haut:
„An deiner Hand, lebt ich zufrieden.
Ich bin ein Zocker, der sich traut,
Hätte die Odyssee vermieden." –
Doch war's wie immer,
    ihm fehlten die Talente.
Ohne Kapital
    beim Startschuss – non va niente!

Die schönen Künste – saures Brot,
Wer schafft, dem blüht nur magre Ernte

Und aus Erinnrung – schreit die Not.
War's das Griechisch, das er nicht lernte?
Rief er voll Eifer –
        nennt nicht Hesiods Mousa?
Gab's hier Verwechslung –
        mit schrecklicher Medusa?

Der Götter Bannstrahl trifft ihn hart,
Zwingt ihn der Musen Tempel meiden.
Für einen Neuanfang zum Start
Muss Zukunft her, wenn auch bescheiden.
Vorhang fällt, Licht aus!
        Draußen winkt ein Job – full time.
Antikenpfleger –
        im Grand-Seniorenheim.

Die sichtbar Unsichtbaren

In Mythologien ausgelobt
Und auch geschichtlich schon erprobt,
Das Understatement wird zur Pflicht,
Beim großen Fressen schmatzt man nicht.
Denn lautes Schlürfen beim Gelage,
Da stellt die Mehrheit gar die Frage:
Wieso ist uns der Tisch verwehrt,
Dem Plebs nur karges Mahl beschert?

Wer sind die Herrn der Tafelrunden
Samt ihren Frauen, Kindern, Hunden,
Die gern im Dunkeln sich verstecken,
Es ist nicht leicht, das aufzudecken.

Das Rebus dieser Macht zu kennen,
Müßig sie namentlich benennen.
Geldaristokratie, rebütant,
Kurz, das Kapital wie folgt genannt.

Dem Kapital ist es gelegen,
Im Hintergrund sich zu bewegen.
Unsichtbar sein beim Abkassieren,
Dank Tarnkappe Gewinn kaschieren.
In König Laurins Rosengarten,
Ist laut Gerücht was zu erwarten.
Nicht weit vom Paradies der Schweiz
Lockt das mit ganz besondrem Reiz.

Das Kapital ist wild erpicht,
Findet im Berg die Kappe nicht.
Da kommt der Hinweis: Nibelungen.
Zwerg Alberich, mit List bezwungen,
Sein Mantel, jetzt auf Siegfrieds Haut,
Macht jeden unsichtbar der klaut.
Der Gauner-Traum, die Reichtum wollen!
Zum Glück ist dieses Cape verschollen.

Vorschnell, entmutigt aufzugeben?
Getarnt will Macht im Wohlstand leben.
Man fahndet, Perseus wird entdeckt,
Ein Sohn des Zeus, darum perfekt.
Dank seiner Kappe fies verwendet,
Mit Kopf ab für Medusa endet.
Medusenhaupt mit Perseus Tarnung,
Das gilt dem Kapital als Warnung.

Vom Anblick stumm versteinert werden?
Geld will doch prassen hier auf Erden.
Enttäuscht und weit entfernt vom Ziel,
Bringt man den Hades fix ins Spiel.
Sein Helm, eine Zyklopen Gabe,
Macht unsichtbar in jeder Lage.
Dem Herrscher in dem Reich der Toten,
Gold, Aktien werden ihm geboten.

Doch Hades feixt: „Bin nicht zu kaufen.
Im Styx werdet ihr Lethe saufen,
Davon ist keiner ausgenommen,
Seid ihr hier unten angekommen.
Tarnmützchen halt ich euch bereit,
Verschwunden, mehr als Ewigkeit!
Ich bin der Boss im Schattenreich.
Hier seid ihr endlich alle gleich."

Nach dem Exkurs ins Abenteuer
Fehlt guter Rat, sei er auch teuer.
Verschwinden hinter hohen Mauern,
Wie Raubritter auf Beute lauern,
Ein Bollwerk konstruiert aus Stein?
Semipermeabel, so soll's sein.
Das Kapital fließt franko Haus,
Und filtert Wucherzins heraus.

Wer Geld hat, der wird denken lassen,
Damit es klingelt in den Kassen.
Die Ökonomen und Strategen
Sind hoch bezahlt beim Antwortgeben.
Zunächst wird einmal klargestellt:

Ohne den Plebs macht keiner Geld.
Nur Leistung, sprich die Arbeitskraft,
Die transformiert den Zaster schafft.

Den Wert der Arbeit heißt es schröpfen,
Ne Ausgeburt von Henkersköpfen,
Die Maximierung kommt zum Tragen,
Modifiziert nach Wirtschaftslagen.
Wer faul nichts tut, Besitz erhalten,
Es kostet Moos, ihn zu verwalten.
Krösus degeneriert zur Blase.
Plebejer sind des Reichtums Base.

Es wussten schon die Pharaonen,
Dass Arbeitssklaven, wenn sie fronen,
Den Reichtum unermesslich mehren.
Doch Vorsicht! Wenn sie aufbegehren.
Dann schützt auch eine Menschenmauer
Von durchlässig gewünschter Dauer,
Nicht unsichtbar, nicht hoher Wall,
Nein, gummiartig überall.

Die Macht sich wappnet; hoch dotiert,
Werden schnell Krieger rekrutiert.
Lakaien ziehn zum Licht wie Motten,
Als Schutzschild sich zusammenrotten.
Das Volk trifft erst auf diese Wand,
Die hält dem Aufruhr blutig stand.
Beschaulichkeit in den Palästen,
Man lacht, man scherzt auf geilen Festen.

Die Jahre, Völker – kommen, gehen,

Doch Gier nach Reichtum bleibt bestehen.
Global heut mächtig etabliert,
Trotz Gegenwind stets restauriert.
Das Kapital, schwärender Abszess,
Mit kontinuierlichem Prozess
Verpflanzt in unsre Daseinsphasen
Karzinogene Metastasen.

Doch die Entwicklung führt noch weiter.
Der Reichtum eskaliert die Leiter.
Das Kapital will mehr verkraften,
Benutzt fortan die Wissenschaften.
Sozio- und auch Psychologen
Werden durch Geld dazu bewogen,
Die Ausbeutung des Volks zu steigern,
Gerechten Lohn ihm zu verweigern.

Die Kriegermauer ist veraltet.
Der Schutz davor wird neu gestaltet.
In Analysen tritt zu Tag,
Es exsistiert ein Menschenschlag,
Welcher im Rampenlicht gern steht,
Weil's ihm um Selbstgefallen geht.
Keep smiling bleckt bei Filmauftritten,
Man darf zu Interviews ihn bitten.

Das Kapital dingt diese Leute.
Postiert, als Gummiwand von heute,
In erster Linie Journalisten,
Politiker und Lobbyisten,
Experten, Banker, Rechtsberater,
Bei Megaspenden Alma Mater …

Gefahr im Voraus zu erkennen,
Wird sich das Volk den Kopf einrennen.

Auf Umschlagplätzen der Finanzen
Lässt man nur Marionetten tanzen.
Systemabweichler werden geschasst,
Maulkörbe der Konkurrenz verpasst.
Einfacher doch, man kauft den Laden,
Als Anlage kann das nicht schaden.
Den Widerstreit brutal zerschlagen,
Als Herr im Haus hat Geld das Sagen.

Die Konstitution und die Gesetze,
Schlau dirigiert, sind wahre Schätze.
Man ruft die Ordnungskraft zum Schützen,
Man klagt, kann sich auf Rechte stützen,
Man kann legal auf weisen Sohlen,
Das Goldne Vlies aufs Konto holen.
Verzückt der Plebs, klatscht noch Applaus,
Viktoria zum Selfgaraus!

Non olet! Denn seit Geld besteht,
Zieht's an 'ne Art Geschmeiß, das fleht,
Um einen Job Opfer zu fleddern,
Die sich naiv im Geld verheddern.
Im Schwur wird tugendlos gelogen,
Es wird bestochen und betrogen.
Beim Crash verharrt Mammon kaschiert,
Nur Handlanger man dekuvriert.

Besitz weltweit verteilt zurzeit,
Ist Unrecht, das nach Aufstand schreit.

Politik und Presse meist liiert,
Geht es um Kohle – wird kolludiert.
Durch Idealisten droht Gefahr,
Auch Whistleblower sind fürwahr,
Dem Kapital die Widersacher,
Hochexplosiv als Börsenkracher.

Plutokratie, am Expandieren,
Kann sich noch nicht eskamotieren.
Tarnkappen aus Metamaterial,
Laborerzeugt – das wär genial.
Erfolg im Kleinsten, schon präsent.
Drum Achtung! Doch das Volk, es pennt.
Lässt Kapital zur Schande walten,
So bleibt's wie eh und je beim Alten.

„Out of Africa" oder
Seele günstig zu verkaufen

Schwarz ist er, Waise obendrein,
Im Busch und von der Welt vergessen.
Der Hunger lässt ihn lauthals schrein,
Doch keiner reicht ihm was zu essen.
Ganz kurz – vor seinem sichren Tod,
Zu seinem Glück, es geht um Stunden,
Wird er durch Zufall noch gefunden
Und so entrinnt er seiner Not.

Die neue Hütte ist ein Haus.
Dort wird streng christlich er erzogen,
Man treibt ihm seine Götter aus,

Die Schwestern sind ihm fromm gewogen.
Weil er, wie alle Schüler dort,
Die heil'ge Taufe muss empfangen,
Kann er Glückseligkeit erlangen.
Das ist für ihn sein neuer Hort.

Er lebt bescheiden als Statist,
Versucht sich Wissen anzueignen.
Als junger Mann, der er nun ist,
Gilt es ins Leben einzusteigen.
Er steht bereit noch voller Mut.
Zum Abschied gibt es Gottes Segen,
Mit Cookie auf die Zunge legen:
„Die Seele ist dein höchstes Gut!"

Aufbruch in die marode Welt,
Im Ohr der Nachklang – unser Bruder.
Doch das System die Weichen stellt,
Die Macht da draußen lenkt das Ruder.
Er sucht Arbeit, sein täglich Brot,
Und will sich forsch sein Heim erbauen,
Ganz ohne Umschweif vorwärtsschauen.
Noch scheint die Welt ihm rosarot.

Hier spricht er vor, dort klopft er an,
Will einen guten Job ergattern:
„Was glaubst du, wer du bist – he, Mann!"
Sein Selbstvertraun fängt an zuflattern.
Wie er's auch angeht, es läuft schief,
Um sich sein Leben zu gestalten.
Brotlos devotes Hände falten
Beim Klingelbeutel Nulltarif.

Zurück die alte Sklavenzeit.
Die Türen bleiben ihm verschlossen.
Zum Scheitern ist er nicht bereit,
Er kämpft verbissen unverdrossen.
Aus der Savanne, ab zur Stadt
Mit ungekannten Möglichkeiten,
Ihn auf Erfolgskurs zu geleiten.
Das Bettelleben hat er satt.

Die Metropole – ein Verdruss!
Mit Haun und Stechen ohne Gleichen.
Er fasst, noch zögernd, den Entschluss
Mit Lug und Trug was zu erreichen.
Man hat ihm doch nicht beigebracht,
Wie Lügner, Gauner sich bewegen;
Die Profis – haushoch überlegen,
Er wird als Dilettant verlacht.

Korrupt und ungerecht der Staat,
Beherrscht vom Clan der Superreichen.
Sie dirigieren den Verrat,
Bevorzugt werden ihresgleichen.
Wer nicht zu dieser Kaste zählt,
Kann sich nach Probezeit verkaufen,
Als Arschkriecher Champagner saufen.
Ein Esel bleibt, der Tugend wählt.

Es schlenkert drauf sein Gleichgewicht.
Kurioses dringt an seine Ohren.
Die Fakten werfen neues Licht,
Er wird ein zweites Mal geboren.
Nordflotten fangen allen Fisch,

Chinesen kaufen guten Boden,
Die Wälder lässt die Mafia roden,
Und deshalb Hunger auf dem Tisch.

Die Slums, ein Dschungel ohne Grün,
Geben ihm Anlass nachzudenken:
Der Kontinent, er könnte blühn,
Doch Kapital und Macht ihn henken.
Ressourcen reich im weiten Land,
Sind Fremdkonzernen überlassen.
Globaler Handel dopt die Massen,
Sie steuern nichts mit eigner Hand.

Ungläubiger – beschimpft im Streit,
Hat seine Seele tief getroffen.
Im Volk zählt er zur Minderheit,
Und kann auf kein Verständnis hoffen.
Das Fernsehn zeigt ihm irgendwo,
Wie Tiere ausgewogen fressen,
Von Arzt und Pfleger nie vergessen,
Leben sie sorgenfrei im Zoo.

Das bleibt in seinem Hirn fixiert:
Wenn Tiere top behandelt werden,
Bin ich als Mensch auch akzeptiert.
Dort winkt das Paradies auf Erden.
Ade Misere und Verzicht!
Ab geht es durch der Wüste Weiten.
Stress wird ihn bis zum Meer begleiten.
Das Abendland ist fern in Sicht.

Ein Horrortrip steht noch bevor.

Die Schlepper kennen kein Erbarmen.
Sie schlüpfen stets durchs Hintertor,
Betrogen und bankrott die Armen.
Es kommt noch schlimmer als gedacht.
Die Überfahrt muss er bar kaufen
Und Rettung hilft kurz vorm Ersaufen,
In einer stürmisch kalten Nacht.

Nach der Europa-Odyssee
Hat er ein Bleiberecht erhalten.
Und die Strapazen jetzt passé,
Will er mit Gott sein Heim gestalten.
Der Glaubensirrtum bleibt profund.
Hier sind die Brüder alle Weiße,
Doch er ist schwarz, und das ist scheiße.
Das Vorurteil – ein dicker Hund.

Aus Afrika stammt unser Ahn,
Von fern ist er zu uns gekommen.
In Bleichgesichtern schwärt der Wahn,
Sind gegen Schwarz voreingenommen,
Die Farbe Gottes, sie sei weiß.
Doch blasse Vorfahrn sind Mutanten;
Schön braun grüßt Sapiens samt Verwandten.
Rasschristen, – für euch bittrer Reis!

Trotz dieser Wahrheit im Gepäck,
Hilft sie ihm nicht Arbeit zu finden.
Für feste Bleibe, nach dem Scheck,
Will sich kein Eigentümer binden.
Die Stütze vom Sozialamt – gut,
Reicht grad im fremden Land zu leben:

Doch was wird ihm die Zukunft geben?
Die Aussicht nimmt ihm seinen Mut.

Da schnellt der Zoo ihm in den Sinn:
„Die Rote Liste, wir betonen,
Stehst du als Spezies da nicht drin,
Kannst du im Tierpark niemals wohnen."
So bleibt ihm nur sein Höchstes noch:
Könnt seine Seele er verdingen,
Dann wird es finanziell was bringen
Und er kommt raus aus diesem Loch.

Bei eBay die Offerte steht:
Neu! – Seele günstig zu verkaufen.
Als Ladenhüter brüsk verschmäht,
Ist dieser Ausweg quer verlaufen.
Allein ein Kleinkind stellt sich ein:
Will Teddy gegen Seele tauschen,
Sie darf sich nicht zu groß aufbauschen,
Sein Kinderzimmer sei nur klein.

Dann blitzt ein Aufschwung ungemein.
Vor Glück kann er das Los kaum fassen,
Die Müllabfuhr stellt ihn stracks ein,
Amtlich zum Menschen zugelassen.
Und weil er kräftig angepackt,
Wird er als Kumpel aufgenommen:
„He, Mann, jetzt bist du angekommen!"
Schon ist sein Gleichgewicht intakt.

Mit dem Beleg übers Gehalt
Wird eine Wohnung bald gefunden.

Die Liebe blüht in der Gestalt
Von Zweisamkeit in trauten Stunden.
Bei seiner Arbeit blinkt zuhauf,
Rares vom Wohlstand aufgegeben;
Begnügt kann er mit Sperrmüll leben,
Und langsam, langsam klimmt's bergauf!

Ein Hoch der Poesie

Das Volk, der Dichter und Denker,
Es drängt sich zur Unsterblichkeit
Mit hehrer, elitärer Dichtkunst.
Selbst Wände stiller Orte sind,
Beim Abtritt, nur nach dem Obolus,
Mit Herzblut, stets heimlich zu bekritzeln.

Hier quälen sich Poeten um literarisch
Anspruchsvolle Verse, Strophen,
Neologismen schöpfend,
Den Duden überrumpelnd,
Mit blanker Angst im Rückenteil,
Entlarvt zu werden bei der Kunst.

Doch Jan haut high die Eier Erdogans
Vor den Millionen in die Glotze.
Ein Werk, Nobelpreis würdig allemal,
Wird hochgejubelt, macht ihn berüüühmt.
Und flimmernd schleicht nuhr noch Welkes,
Belacht von den gedungenen Claqueuren,
Gelöhnt von pflichtiger Gebühr.
Nur Brückenschläfer sind noch vom Zwang befreit.

Selbst wenn ihr aufmuckt und erweist,
Mit eurem nackten Hinterteil,
Dem viel zitierten Satz „Wir schaffen das",
Die Reverenz in Spottes Namen …
Im Halljahrzehnt bewegt sich nichts,
Denn die Kultur hat ihn vereinnahmt.
Geflügelt sind die Worte – längst –
Verschoben in die Transzendenz.

So will ich Euros selbstlos berappen,
Preis vieler Flaschen Wein „Donna Fugata",
Um mich im eignen Werk zu sonnen.
High mit Viktoria geil anzustoßen,
Sind 100 Exemplare frei verkauft, –
Ganz syllogistisch euphorisiert,
Mit einem Gläschen destillierten Wasser.
Damit die Lyrik überlebe – auf dem WC!

Großes Dreimaleins

Gott schuf die Welt und sie ist gut.
Das wird IHM angedichtet.
Nur ER kann uns erretten!
Nur uns?
Und eigentlich vor was? –
Verheißungsmärchen!
Kreiert von einem Heer von Parasiten,
Die sich traditionell verbergen
In modisch wechselnden Talaren.
Es lebt sich wohl auf Kosten anderer,
Darum der Humbug, Mummenschanz.

Fürs Kreuz schickt ER uns seinen Sohn.
Das wird dazugedichtet.
Nur der kann uns erlösen!
Nur uns?
Und eigentlich von was? –
Selbstabsolution!
Kreiert von einem Heer von Delinquenten,
Die sich traditionell bereichern,
Wenn sie die frommen Schafe schröpfen.
Im Vorteil boomt, wer das Gebot negiert,
Darum der Ablass im Kalkül.

Dann spukt da noch ein Heiliger Geist.
Das wird zuletzt erdichtet.
Nur er kann uns erleuchten!
Nur uns?
Und eigentlich durch was? –
Glaubens-Morgana!

Kreiert von einem Heer von Konspiranten,
Die sich traditionell entziehen
Im nebulosen Transzendenten.
Superb der Zug, die Ratio ist schachmatt.
Drum: Nonsens vivat! AMEN.

Krippenopfer

Mental gekidnappt, schutzlos und schwach,
Opfer frömmelnder Pharisäer,
Ihrerseits ebenfalls verführt und Sklaven,
Siecht ich gefangen im Laufstall des Klerus.
Die Hände gelenkt und gefaltet,
Mein Gehirn systematisch okkupiert,
Mutiliert von der großen Legende,
War all mein Tun und Lassen
An den lieben Gott verkuppelt. –
Eine Marionette, ich zählte nichts.

In einem Keller verkohlte ein Mann,
Politikus in missionarischer Gnade,
Der im Reich prahlend herumchauffierte,
Mit der Vorsehung auf den Fahnen,
Panem et circenses, wie gehabt,
Mit Volkes Gunst und Kreuzes Segen.
Der eine neue Form von Endlösung erfand;
Symbolisch postum flink gehenkt
Von seinen Opfern und von seinesgleichen.
So manifestiert sich die Geschichte:

Massengräber voller Knochen und Fragen,

Stahlhelme voller Parolen und Orden,
Kochgeschirre voller Leere und Hunger,
Großstädte voller Schutt und Ruinen,
Behausungen voller Krüppel und Waisen …
Ich habe selbstlos Inventur gemacht:
Befragt, beanstandet, bezweifelt,
Verdächtigt, verabscheut, verurteilt,
Gefleht, gebeten und gefordert: –
„Nimm dieses Hakenkreuz von mir!"

Als Ideal-Packesel eingeschirrt,
Bezurrt mit mannigfachen Kreuzen,
Hab ich die Last analysiert
Schrittweise rückwärtsgehend.
Auf Golgatha neu angekommen,
Befrei ich den Prediger vom Kreuz.
Das Menschlein, es dauerte mich seiner.
Ich hab die Super-Breitwand-Mär
Bei den Gebrüdern Grimm vermerkt.
Seitdem aber – trag ICH Verantwortung.

Symbiosen

Das Zepter und die Religion, –
Eine Symbiose, zwangsläufig konkordiert,
Um sich den Machtanspruch zu teilen.
Die Herrscher, gottgesandt und auserwählt,
Beschützen mit Schlagstock und Raketen
Das Kreuz und die gemeinsame Kultur
Vor inneren und äußeren Banausen.
Die Allianz bewährt in tausend Siegen

Hat heut das Schlachtfeld Media okkupiert.
Die Kompetenz verzahnt, okkult kaschiert,
Damit der Deal auch morgen funktioniert.
      O Mann, o Mann! O Frau, o Frau!
Die Hirten versklaven euch als Wasserträger.

Der Klerus und die Mächtigen, –
Eine Symbiose, teuflisch, geheim durchdacht,
Die Rebellion zu minimieren.
Vom Geld, geklaut aus jeder Art von Börse,
Fressen und huren die Mächtig-Reichen
Im Diesseits und im Jetzt distinguiert.
Dem Pöbel wird das Paradies versprochen,
Das heißt, so hört, nicht jetzt und auch nicht hier,
Nein, erst im Jenseits wird der Tisch gedeckt.
Die Prasser sollen in der Hölle schmoren.
Die Angeschmierten, wieder neugeboren,
Sind alle für den Himmel auserkoren.
      O Männer! O Frauen! O Neutren!
Ihr seid die Schafe, die sie im Diesseits scheren.

Die Heilspraktiker

Feuer-Dom, Äther,
Raum im Zyklus von Tag und Nacht,
Da oben haben SIE die Mär verborgen!

Von Spiegelteleskopen herangezoomt,
Von Radioschüsseln ausspioniert:
Durchdringen sich jetzt dort Galaxien,
Blähen sich Rote Riesen,

Verstecken sich Braune Zwerge,
Entlarven sich Schwarze Löcher …
Schwer dröhnen Raketen
Mit der Last der Satelliten.
Im Orbit sondiert eine Station.
Auch die Große Mauer wird durchsichtig
Im Infrarot- und Röntgenbereich.
Wir blicken rückwärts in die Vergangenheit,
Zurück, bis zum Big Bang,
Und sehen das randlose Universum.

Da verglüht in der realen Erkenntnis
Das Prinzip einer Erlösung,
Und hinterlässt ein totales Vakuum
In dem geklitterten Katechismus.
Alle selbst ernannten Stellvertreter aber,
In Karnevalskostümen verkleidet,
Predigen, wie wenn nichts gewesen, herum.
Im Zwielicht ihrer Tagnacht,
Im Schattenreich ihres Nachttages
Verkünden unbelehrbare Geisterfahrer,
Heuchlerisch, ihre erfundene „Gewissheit".

Herr Machtegern

Der Herr, der unfehlbar Gerechte,
Verspricht dem Volk, Schar seiner Knechte,
Dass alle Mächtigen auf Erden
Durch Zwang von ihm sozialer werden.
Er will die Macht mit Plagen schrecken.
Das soll ein Mitgefühl erwecken,

Den Schwachen Hilfe anzutragen,
Sich aller Tyrannei entsagen.

Die Macht weltweit zeigt Mittelfinger.
Mit Tritt in Arsch dem Überbringer
Wird diese Antwort klar verstanden;
Die Drohung so, als nicht vorhanden.
Erbost sieht sich der Herr gefordert.
Mit Stab erheben wird verordert:
Wasser auf Erden werden rot!
Die Plage bringt der Macht den Tod.

Volk drängt auf der Bastille Stufen. –
„Revolution!", schrill ausgerufen.
Viel Blut fließt, rot färbt sich die Erde.
Kein Schutz fürs Volk, geköpft die Herde,
Er hat das Maul zu voll genommen,
Gewalt, mutiert, davongekommen.
Das Volk im Glauben tief geschockt,
Die Macht im Sieg, ihr Herz verstockt.

Die Gottheit nimmt den Flop gelassen.
Sie will der Macht ein Ding verpassen,
In Demut wird das Haupt sie beugen,
Von ihrer Größe soll es zeugen.
Demokratie wird Herrscher plagen,
In Zukunft kann es keiner wagen,
Ohne die Bürger zu regieren.
Fortan wird Gleichheit triumphieren.

Am Anfang gibt's der Macht zu denken,
Quatschfrösche im Palast, die lenken?

Doch die Erfahrung spielt ihr ein:
Ding dir den Parlamentsverein.
Wenn unsre Leute dort verwalten,
Wird Gleichheit sich als Farce entfalten.
Das Volk im Glauben tief geschockt,
Die Macht im Sieg, ihr Herz verstockt.

So springt die Plage in die Leere,
Als wenn sie nie befohlen wäre.
Doch unser Herr hat mehr in petto.
Die Macht verbannen in ein Getto,
Wo sie geplagt von freier Presse,
Gestochen, klagt, bis zum Exzesse,
Von Journalisten ausgesogen,
Das Handtuch wirft, der Kraft entzogen.

Reporter schwärmen aus zur Plage,
Sind schnell in aussichtsloser Lage.
Die Medien, im Besitz der Macht,
Bestimmen, wer da weint, wer lacht.
Plebs ist zum Abschuss freigegeben,
Für Paparazzi goldner Regen.
Das Volk im Glauben tief geschockt,
Die Macht im Sieg, ihr Herz verstockt.

Ein Fehlschlag drum mit freier Presse,
Die rückwärts keilt in Volkes Fresse.
Mücke als Elefant auftischen,
Ist lohnender als Macht aufmischen.
Der Herr muss das Desaster wenden,
Viel Ungeziefer will er senden.
Das wird Despoten malträtieren,

Bis sie den Größenwahn verlieren.

Die Macht schaut dem gelassen drein,
Setzt schwarz seinen Geheimdienst ein,
Montiert in Volkes Hütten Wanzen,
Auch Kameras, lässt Drohnen tanzen,
Kann jeden Schritt jetzt überwachen
Und digital den Screenshot machen.
Das Volk im Glauben tief geschockt,
Die Macht im Sieg, ihr Herz verstockt.

Sein Wort, der Herr sitzt in der Patsche.
Die Macht gezüchtigt mit der Klatsche
Hat nur gemeines Volk getroffen,
Die Endabrechnung bleibt noch offen.
Er wird mit Zürnen persistieren,
Die Pestilenz soll jetzt grassieren,
In Form von Rauschgift, Zigaretten
Und Alkohol in Luxusstätten.

Gewalt erstaunt, kann es kaum fassen,
Fruchtbar wie Nilschlamm für die Kassen.
Verschmerzt die Toten in Palästen,
Wenn sich Kartelle legal mästen.
Der Plebs verführt, dem Rausch verfallen,
Wird im Delirium tremens lallen.
Das Volk im Glauben tief geschockt,
Die Macht im Sieg, ihr Herz verstockt.

Auch diese Plage schnöd versagt,
Hat den Garaus der Macht vertagt.
Ab morgen soll sie schwärzlich schnattern,

Der Herr schickt dem Palast die Blattern,
Aids, Ebola und alle Viren,
Die Herrschaft soll sich infizieren,
Im Fieberschauer qualvoll siechen,
Vorm Tod auf allen vieren kriechen.

Doch kann der Herr sein Volk beschützen?
Die Seuche wird der Herrschaft nützen.
Leibärzte ihr zur Seite stehen,
Sie wird in Quarantäne gehen,
Und wie gewohnt am Ende siegen.
Nur Bürger sterben wie die Fliegen.
Das Volk im Glauben tief geschockt,
Die Macht im Sieg, ihr Herz verstockt.

Das gleiche Spiel, ein Schuss nach hinten.
Ein zaghaft' Lied der Gleichgesinnten
Beklagt, dass sie vom Herrn betrogen,
Denn Reiche würden vorgezogen.
Jetzt aber will's der Herr entscheiden,
Die Macht soll unter Hagel leiden.
Blitz und Donner so heftig wettern,
Bis sie den Starrsinn niederschmettern.

Wohlan, die Macht prüft Keller, Dächer,
Bezieht in Berghotels Gemächer,
Mag sich der Herr die Haare raufen,
Es sind die Armen, die ersaufen.
Erst kommt Profit, dann Umweltdenken.
Fatal die Sünder postum henken.
Das Volk im Glauben tief geschockt,
Die Macht im Sieg, ihr Herz verstockt.

Herr, dein Wort – nur ein Loch ins Wasser.
Der Klimawandel hagelt krasser,
Das Volk gepfercht in Ballungsräumen,
Muss Luft und Wasser sauber träumen.
Neues Gebot! Den Stab zur Hand,
Heuschrecken fressen übers Land.
Levante treibt sie bis zur Macht, …
Die ordert Plage Nummer acht.

Heuschrecken? Hausse! Die Banken lachen,
Ammen sind es in Börsensachen.
Profit schwärmt Banker ein in Scharen,
Der Reichen Konten zu bewahren.
Sie wuchern Zinsen, spekulieren,
Ihr Dienst, die Armen abkassieren.
Das Volk im Glauben tief geschockt,
Die Macht im Sieg, ihr Herz verstockt.

Der Herr steht da, wie 'ne Pik sieben.
Von seiner Allmacht, nichts geblieben.
Jede Verheißung geht koppheister,
Da werden seine Plagen dreister.
Quos ego – setzt der Herr ein Zeichen:
Die Macht muss seinem Willen weichen.
Bei Pharao stockfinstre Nacht,
Bei seinem Volk doch Sonne lacht.

Rein physikalisch – ausgeschlossen!
Die Astronomen sind verdrossen,
Mit seiner Hybris, die da schellt,
Durch die der Boss stur Volk verprellt.
Reiche im Glück, ohne Erbarmen,

Geistliche Finsternis – den Armen.
Das Volk im Glauben tief geschockt,
Die Macht im Sieg, ihr Herz verstockt.

Ist Gott mit dem Latein am Ende?
Gelingt zum Abschluss doch die Wende?
Letztendlich wird der Hammer ausgepackt,
Der Potentat sich in den Quftan kackt.
Der Herr erschlägt zur Mitternacht,
Die Erstgeburt der Herrschermacht.
Hält auch vor Anhang, Vieh nicht ein,
Ein Todesrundschlag allgemein.

Mit seinem Volk bleibt er im Bund,
Krümmt ihm kein Haar, es muckt kein Hund.
So straft der Herr im Zorn ergrimmt,
Den Pharao, der es vernimmt.
Er muss die Plagen dumm erleiden,
Und ist bei Gott, nicht zu beneiden.
Unfair – sein Handeln bleibt verstockt.
Das hat ihm Jahve eingebrockt.

Selbst Gläubige hegen Bedenken:
Mit Knüppelwerfen Menschen lenken?
Mit Hokuspokus Komponenten,
Machtbeweis des omnipotenten
Selfiman, named Fromm-Allerbarmen,
Verheißt 'ne heile Welt den Armen?
Der Ego-Pfau hält's Volk zum Besten,
Zehnmal – will seine Allmacht testen.

Auch Pharao drückt Unbehagen:

Du willst mir meinen Sohn erschlagen?
Mein Vieh und Diener schuldlos meucheln,
Und den gerechten Jahve heucheln?
Bestrafst mein Reich, wie dir es passt,
Du schwelgst als Mörder im Palast?
Wähnst dich als Herr für ewiglich?
Du bist Despot – genau wie ich!

Der Herr labert nur hehre Worte,
Zeugt Epigonen übler Sorte,
Die dreschen taube Ähren aus. –
Zu mager – piepst selbst Kirchenmaus.
Noch herrschen Macht und Gier weltweit,
Solang – bis Aufstand uns befreit.
Das Volk, devot, glaubt immer noch,
Erträgt Potenz – wie Vieh das Joch!

Plagen wachsen lanciert allein,
Mir fällt Internet, Facebook ein,
Dann Smartphone und Computerspiele,
Samt Fernsehn – alle mit dem Ziele:
Das Volk vom Denken abzuhalten.
Die Macht im Sieg – kann ferner walten.
Wer wie die Bienen vegetiert,
Hat als Person sein Hirn kastriert.

Epilog auf Machtegern

Quod videas - was du nachlesen mögest! *(2. Mose 7-11)*
Alles falsch verstanden? Alles aus der Luft gegriffen?
Der arme Pharao darf nicht anders handeln. Dieser
Tatbestand kann nicht einfach unter dem Talar ver-

schwinden. Eigentlich bedarf es nur ein paar Verse aus der Bibel, um alles Gesagte zu untermauern: *„Und Gott sprach: Lasset uns Menschen machen, ein Bild, das uns gleich sei …"* *(1. Mose 1,26.).* *„Und Gott schuf den Menschen ihm zum Bilde, zum Bilde Gottes schuf er ihn; und schuf sie einen Mann und ein Weib."* *(1. Mose 1,27.).*

Das heißt nichts anderes, als dass Gott den Menschen so geschaffen hat, wie er selber ist: ein Ebenbild, das ihm gleich sei! Imago Die – mehr war wohl nicht drin! Und wie ist und verhält sich der Mensch, der Gott gleicht? Die Menschheit hat eine überschaubare Geschichte: ein Tollhaus von Macht und Unterdrückung; ein Schlachthaus mit Krieg, Totschlag und Mord; ein Irrenhaus von Ideologien und Doktrinen; ein Kartenhaus aus edlen Vorsätzen, Ansprüchen und unsinnigen Verheißungen. Und das Gute, Positive? Ist im Leid, in Schweiß, Tränen und Blut ersoffen.

Wie der Mensch ist, das steht auch gleich im Buch der Bücher beschrieben: *„…denn das Dichten des menschlichen Herzens ist böse von Jugend auf…"* *(1. Mose 8,21.).* Und das Evangelium des Matthäus setzt noch eins drauf: *„Denn aus dem Herzen kommen arge Gedanken: Mord, Ehebruch, Hurerei, Dieberei, falsch Zeugnis, Lästerung."* *(Matth.15,19.).*

Was hat denn der Allmächtige, Unfehlbare und Gerechte da geschaffen? Ein Monster – wie er selbst, das er im Weiteren laufend bestraft. Erst schafft er diese Missgeburt und dann will er sie ausrotten. Wie ist dieser Wesenszug Gottes zu verstehen? Errare divinum est? – Jedoch – sed e errare perseverare diabolicum!

Wer sich durch die Bibel durcharbeitet, merkt natürlich schnell, das ist ein Machwerk von den Menschen, von mehreren Menschen und Generationen. Der Gott wird als Schutzschild benutzt, hinter dem sich Macht und gierige Schmarotzer verbergen. Weil sie selber aus Fleisch und Blut sind, das heißt sie sind sichtbar, schieben sie ihre Erfindung ins Unsichtbare nach oben in den Himmel: „...*Denn was sichtbar ist, das ist zeitlich; was aber unsichtbar ist, das ist ewig.“ (2. Kor. 4,18.).*

Damit war man aus dem Schneider. Heute jedoch ist die Wissenschaft allerdings in der Lage, da oben nachzuschauen. Und auch Heraklit hatte mit „panta rhei" schon eine heute längst bestätigte Vermutung, dass es mit der ewigen Ewigkeit ein Bluff ist. Generationen von Profitgeiern haben auf das Unsichtbare gesetzt und die Transzendenz als schöne kostenlose Bescherung erhalten. Davon leben sie.

In der Heiligen Schrift hat man sich schon vorsorglich gegen den Verstand und die Logik abgeschirmt: *„Verlass dich auf den Herrn von ganzem Herzen, und verlass dich nicht auf deinen Verstand.“ (Spr. 3,5.). „Ein Narr hat nicht Lust am Verstand, sondern kundzutun, was in seinem Herzen steckt.“ (Spr. 18,2.).*

Was aber im Herzen steckt, kann man oben in den Zitaten von Mose und Matthäus nachlesen. Das ist ganz schön perfide und ein dicker Hund, was den Gläubigen da aufgetischt wird. Sie sollen glauben und gehorchen – basta!

Wem nutzt nun eigentlich die Heilige Bibel? Auch das steht in derselben. Da Gott es ist, der alles wachsen und gedeihen lässt, denn ohne ihn geht nichts, beansprucht er Abgaben, Steuern: „*...das ist heiliger Zehnt dem Herrn. Man soll nicht fragen ob's gut oder böse sei;"* ... *(3. Mose 27,32.33.).*

Auch an anderen Stellen wird des Öfteren von Steuern geschrieben. Sahnt nun der Allmächtige aus der Ewigkeit ab? Natürlich nicht er selbst. Es sind seine Stellvertreter auf Erden, die Schriftgelehrten, die Priester, die sich selbst ernannte Klerisei. Für das Verkünden ihrer eigenen widersprüchlichen, verworrenen, unlogischen, orakelhaften und gewalttätigen Texte gegenüber dem gemeinen Volk, wollen sie belohnt, besser gesagt, bezahlt werden mit dem Zehnten. Alles, was der Plebs in mühseliger Arbeit auf dem Acker erntet und auch von allem gezüchteten Vieh, den Zehnten. Und für andere ihrer Dienste: Gold, Silber, Geld als Extra noch. Nachtigall ich hör dir trapsen!

Es muss alles vom Feinsten sein, ohne Fehl, denn es ist für unseren Dominus und seinen Altar. Aber der Magen knurrt den Heuchlern und Pharisäern und vom Predigen wird keiner satt, sondern man bekommt Appetit. Geben sie sich gar dazu hin, sich zu verunreinigen, d. h., sie wollen bumsen, dann müssen es edle Jungfrauen sein.

Auch steht die Lust gar wohl auch auf Kinder. Das kommt einem doch irgendwie bekannt vor, auch woanders schon bis in die Gegenwart gehört zu haben. Nun könnte man meinen, es ist alles passé, Geschichten und Geschichte. Von wegen, das ist bis dato so konkordiert, und heißt heute im Industriezeitalter Kirchensteuer. Auch der Satz: Lasset die Kindlein zu mir kommen, wird oft heimtückisch und pervers ausgelegt.

Weil nun aber das menschliche Wesen, wie alle Tiere, nur ungern etwas abgibt, das haben die Erzähler und Fabulanten selbstverständlich schon erfahren, also lassen sie den lieben, gütigen Allmächtigen dem Volk drohen. Jetzt fällt die Maske. Es offenbart sich ein gewalttätiger, mörderischer, erbarmungsloser Gott in der Heiligen Schrift. Wer nicht an ihn glaubt oder zweifelt oder die Ver- und Gebote missachtet, der soll den schrecklichen und eifersüchtigen Gott fürchten und kennenlernen.

Und es steht mehrfach geschrieben: *„Er tötete, er erwürgte, er steinigte, er vertilgte, der wird des Todes sein, der soll sterben."* Auch Matthäus sagt es später im Neuen Testament für alle noch einmal unmissverständlich mit den Worten des Heilands: *„…Ich bin nicht gekommen, Frieden zu senden, sondern das Schwert." (Matth. 10,34.).*

Er ist gekommen, den totalen Familienaufstand unter das Volk zu bringen. Wer einen Verwandten erster Ordnung mehr liebt als ihn, den Herrn, der ist seiner nicht wert. Wer will denn schon gerne gemeuchelt werden? Genötigt in Angst kuscht der Bürger und zahlt auch den Zehnten.

Das ist in allen Kulturen und Religionen mehr oder weniger so üblich. Eine Schicht von Schwätzern und Wahrsagern schmarotzt auf dem Buckel der Arbeitenden. Das ist heutzutage besonders eklatant. Von jedem der produziert, lebt einer der verwaltet oder labert und meistens macht er sich die Hände nicht wirklich schmutzig, trägt eine äußerlich saubere Weste und lebt am Ende besser, als der, der arbeitet. Eine einzige „Orchidee" wäre noch zu ertragen, z. B. ein nutzloses Königshaus oder die impotente UNO als Feigenblatt.

Das Kreuz für die Prediger weltweit ist, sie müssen etwas Positives hervorzaubern und das Negative verschweigen. Sie sind es, die Tag für Tag, Woche für Woche ihren Schäfchen etwas erzählen müssen oder wollen. Das geht natürlich nicht ganz ohne Blick in die Heilige Schrift. Diese Freiheit genießen nur Politiker. Und mit dem, was Wort für Wort in der Bibel steht, in allen Bibeln, wie immer sie sich nennen, müsste man die Gläubigen auf den Bänken festschnallen, damit sie nicht davonlaufen können. Nur ein Beispiel: *„Denn wer da hat, dem wird gegeben, dass er in Fülle habe; wer aber nicht hat, von dem wird auch genommen, was er hat." (Matth. 13,12.; Mark. 4,25.; Luk. 8,18.).*

Danach orakelt der Heiland Gleichnisse, aus denen die Schwätzer nach geistlichen Klimmzügen etwas Gutes herauslesen müssen. Und so sehen sie mit den Augen, aber sie sehen es doch nicht, oder doch? Hören es mit den Ohren oder hören es doch nicht, oder doch? Beim Barte aller Propheten: Das ist ein harter Job, wer es mit seiner Ratio und seinem Gewissen ernst nimmt.
Diese Skrupel haben Drehbuchautoren und auch Regisseure längst abgelegt: Auf dass es gut werden muss! Dafür gibt es bei ihnen für Tiefschläge den Zehnten zehn mal zehn.
Tragisch wird es bei Gläubigen, die nicht am Futternapf sitzen, nicht vom Zehnten profitieren, keine

Schwätzer vor dem Herrn sind, ihrem Beruf nachgehen, aber aktive Lebenshilfe dem Nächsten geben. Obendrein zahlen sie auch noch Steuern an die Geistlichkeit und spenden freiwillig. Sie sind es, die „Brot für die Welt" schaffen und den Topf am Kochen halten, können sich aber von dem weissagenden Humbug-Überbau nicht befreien. Die Krux ihres humanen, bewundernswerten, wohlgemeinten Verhaltens ist, dass, wer fünf oder fünfzig Euro für die Welthungerhilfe spendet, das Problem der Misere nicht beseitigt, sondern es dadurch verlängert.

Auch für alle Herrscher, Mächtigen, Potentaten und Diktatoren hat die Bibel Versöhnliches zu bieten, sollten sie, was zwar unwahrscheinlich ist, Skrupel plagen: *„Jedermann sei Untertan der Obrigkeit, die Gewalt über ihn hat; denn es ist keine Obrigkeit ohne von Gott; wo aber Obrigkeit ist, die ist von Gott verordnet." (Römer 13,1.; Tit. 3,1.; Joh. 19,11.; Spr. 8,15.).*
Der verordnete Gehorsam soll in erster Linie wohl den Stellvertretern zugutekommen, schließt aber die anderen Potentaten nicht aus. So ist also die Macht des Pharaos von Gott befohlen. Warum verstockt er ihn zehnmal, sodass der Pharao nicht nachgeben kann, selbst wenn er dazu bereit gewesen wäre? Ein Potentat hackt hier dem anderen ein Auge aus. – Da muss es sich jeder Gläubige reiflich überlegen, ob er gegen seinen unfähigen oder gesponserten Vorgesetzten aufmuckt. Er wird in Ungnade fallen und kann des Todes sein.
Zusammenfassend ergibt sich für den Gott folgendes Bild aus der Bibel: Er ist ein gewalttätiger Totschläger

und Mörder. Er tötet die Wichser und steinigt die, die dem ältesten Gewerbe der Welt nachgehen, weil sie ihm keine Schäfchen zeugen. Er erwürgt, lässt erwürgen, sie sollen des Todes sterben, auch durch das Schwert, Auge um Auge, Zahn um Zahn.

Er ist ungerecht und parteiisch: Abel ja, Kain nein! Offensichtlich bevorzugt er Karnivore und nicht Veganer. Das hat zum berühmten ersten Mord geführt, weil Abel bevorzugt wird.

Er ist ein unversöhnlicher Rechthaber: Gegenüber Andersgläubigen und Andersdenkenden, die er alle vernichten will.

Er ist ein übler Trickser: Er lässt Maria durch den Heiligen Geist schwängern. Er erdichtet und erzählt viele nicht nachprüfbare andere Wunder, um sich aufzuspielen, aufzuwerten.

Er ist ein Psychopath: Er schickt angeblich seinen Sohn, dem es unabänderlich geweissagt und vorbestimmt ist, massakriert zu werden, zur Erlösung seines nach seinem Bildnis, Imago Dei, geschöpften, „sündigen" und „schuldigen!" Menschen.

Er ist ein Sadist: Er stümpert, obwohl omnipotent, ein fehlerbehaftetes Menschlein zusammen, das er anschließend dafür bestraft, quält und am Ende noch erwürgt. Er hängt köstliche Äpfel an den Baum, aber wehe, wer davon isst. Ätsch, raus aus dem Paradies und rein in die Misere.

Und gerät etwas grob ungereimt in seiner Schöpfung, wie zum Beispiel: Es wachsen Wildkräuter auf dem Acker, die er selbst geschaffen hat, zusammen mit der Frucht, dann ist es plötzlich das Werk des Teufels.

Satanas ex machina! Wieso? Er ist doch der allmächtige Boss! Oder doch nicht?

Ein Mensch mit einem solchen Charakter und diesen seinen Taten bekommt in fast allen Gesellschaften lebenslängliche Sicherheitsverwahrung oder landet auf dem elektrischen Stuhl. Fischer haben da einen schönen Ausspruch: „Der Fisch stinkt zuerst am Kopf!"

Sarkastisch, nein es ist versöhnlich, denn Spott sei Dank, dass es einen Gott nicht gibt, dass es weltweit nie wirklich Götter real gegeben hat. Es gibt nur von Menschen erfundene Phantome, aber paradox ist, es finden sich immer Anhänger dafür, sprich Gläubige. Es ist jetzt auch offensichtlich, dass die Geschichten und Geschichtchen nur ausgedacht sind, um sich gegenüber dem vom Wissen absichtlich zurückgehaltenen, gemeinen Volk abzuheben und sich dabei zu bereichern, ohne etwas zu produzieren oder produktiv zu leisten.

Einfach von einem Publikum durch Geschichten erzählen und predigen zu leben. Das offenbart sich in der Bibel deutlich. Hauptmahlzeit oder Zubrot für alte Männer mit Bart. Aufgemixt mit Geschichte, hat es den Anschein nachprüfbarer Beweise. Aladins Wunderlampe brennt immer noch.

Glaubensgeschichten, Mythen, Sagen und Märchen gedeihen aus demselben Topf. Allen ist gemeinsam: Sie sind erst mündlich überliefert worden. Jeder Erzähler fügte seinen Senf hinzu. Später, als die Schrift beherrschbar wurde, sind die letzten im Umlauf befindlichen Versionen nach und nach aufgeschrieben worden, geschmückt mit zeitgemäßen Updates. Sie sind orakelhaft und meistens außerhalb der Realität angesiedelt, darum nicht nachprüfbar, unlogisch, voller Wunder mit Zauberei und Simsalabim (Harry Potter) und fast immer grausam und gewalttätig.

Märchen haben den Vorteil gegenüber Religionen, dass sie keine Verheißung im Jenseits in Anspruch nehmen. Rotkäppchen und das tapfere Schneiderlein fordern kein Glaubensbekenntnis. Es gibt keine eingetragene „Rotkäppchen Gesellschaft" oder einen „Sieben auf einen Streich Orden", jedenfalls bis jetzt noch nicht. Und wer nicht an die Sieben Zwerge glaubt, wird nicht gleich bedroht erwürgt zu werden oder muss fürchten, durch das Schwert zu sterben.

Ideologien, alle Religionen eingeschlossen, Habgier und Machtanspruch sind Auslöser aller Konflikte, aller Streitigkeiten, aller Kriege. Ideologien unterdrücken, verfolgen, foltern und töten die Individuen, die anders denken und handeln. Ideologien, das heißt, alle ächten mit einem anderen Stallgeruch. Sie sind das zentrale Übel unserer Menschheitsgeschichte oder sollte man nicht besser sagen unserer Affengeschichte und unserer heutigen „Zivilisation".

Das schier Unglaubliche: Religionen, Sagen und Märchen sind die geistige Muttermilch und der geistige Brei für unschuldige, ungeprägte, schutzlose Kinder, deren uneingeschränktes Vertrauen in Eltern, Lehrer, Ernährer und Theologen dazu missbraucht wird, sie zu prägen, bevor sie selber entscheiden können.

Jeder Staat, jede Gesellschaft vergewaltigt seinen Nachwuchs und versucht dadurch den Fortbestand in tradierter Form zu sichern. Gewalt an Kindern ist das Teuflische in der Erziehung und das geschieht auch im Namen des lieben Allmächtigen. Die Folgen sind in dem Gesicht unserer Gesellschaften ablesbar. Diese Prägungen erzeugen auch die ewige Bereitschaft zu einer dann mit Krokodilstränen beklagten Grausamkeit. Immer hinterher!

Der Dekalog, die Zehn Gebote

Zum Abschluss eine Reflexion zu ihrer Bedeutung in unserem Kulturraum. Die ersten drei Ver- und Gebote dienen der Selbstvorstellung Gottes und entfallen, da es Gott nicht gibt. Die restlichen sieben Ver- und Gebote sind als Sozialtafeln bekannt. Sie sind das Minimum jeder zivilisatorischen Gemeinschaft, ohne die kein geordneter zwischenmenschlicher Ablauf gewährleistet werden kann. In vielen Kulturen sind die Zehn Gebote erheblich erweitert, um reibungsloser mit dem Nächsten zu existieren.

Die Sozialtafeln sind längst vom Staatsgefüge in die Gesetze übernommen, weil der angebliche Gott wegen seiner Nichtexistenz, eben doch nicht in der Lage ist, im Diesseits zu strafen, sondern – wie geweissagt, im Jenseits Jüngstes Gericht abhält. So würden hier und heute Sünder, Übertreter und Verbrecher weiterhin ungestraft herumlaufen. Gesetze sorgen dafür, dass Strafen auf Erden anzutreten sind, bis auf die Delinquenten, die durch die Maschen schlüpfen. Darum braucht es den Humbug der Religionen nicht.

Die Sozialtafeln haben sicher auch schon vor der Heiligen Schrift existiert und wurden und sind voll assimiliert. Also sind auch sie überflüssig in ihrer geschichtlich überholten Form. Das kann die Legislative heutzutage zeitgemäßer und unmissverständlicher umsetzen. Zudem wirkt die Exekutive nicht nur durch Worte abschreckend, sondern sie straft hier und heute.

Nicht zu vergessen: Die „Kategorischen Imperative" von Emanuel Kant sind für eine moralische Aufrüstung und Aufforderung immer noch unübertroffen.
Ein staatlicher Sozialunterricht oder wie immer er heißen mag, abgestimmt auf das Alter, unterrichtet zum festgelegten Zeitpunkt, nutzt den Jugendlichen, weil er sie befreit von Ballast, Unsinn und allem Hokuspokus. So lässt sich ein Mitgefühl und die Verantwortung aufbauen gegenüber dem Nächsten und im Bewusstsein verankern. Das muss das Ziel einer gerechten, modernen Gesellschaft weltweit sein.

Trotz des molekularen Darwinismus und der verifizierten Selektionstheorie, trotz der objektiven Erkenntnisse der Wissenschaften wird unsere Welt weiterhin, nach fast 150 Jahren, durch religiöse, philosophische oder ideologische Geisterfahrer regiert, die sich auf gedanklich erfundene, obskure Quellen und Werte berufen. Es wird Zeit, dass wir uns eine Ethik und Moral der Notwendigkeit schaffen, welche in der Legislative verankert sind. Wobei die Notwenigkeit eben keinen Anspruch auf eine ewige, geweissagte Doktrin erhebt, sondern immer wieder der gegebenen Notwendigkeit der Gesellschaft angepasst wird.

Die Errungenschaften der Wissenschaften werden skrupellos in Anspruch genommen, auch ohne Rücksicht auf unseren Planeten, oft nur, um sich zu bereichern. Die Verteilung und die Nutzung der Gewinne kommen prozentual nur einigen wenigen zugute, während die überwältigende Mehrheit leer ausgeht und zudem noch unter der zerstörten Umwelt, die sie nicht verschuldet hat, leiden muss.

Gleichzeitig wird die rationale Wahrhaftigkeit der Wissenschaft weiterhin, aus Gier und mangelnder Einsicht, durch ungerechtfertigte Herrschaftsansprüche und anthropozentrische Dünkel unterdrückt, die Konsequenzen daraus – mit allen Mitteln verschwiegen.

Interessant wäre auch diese Überlegung: Mit dem Vermögen der Religionsgesellschaften, mit der Umleitung der Steuereinnahmen und vor allem mit der dadurch freiwerdenden Produktivkraft der Prediger und Schwätzer, die dann ihren Lebensunterhalt durch eigene Arbeit bestreiten müssten, ob mit diesen Einnahmen weltweit der Hunger, die Armut und die Misere beseitigt werden könnten. Eine lohnenswerte Aufgabe für Rating Agenturen, das einmal genau durchzurechnen und aufzugreifen.

Lassen sie mich mit einem Vers schließen:

So ist es, du bist; und wenn du hast, dann hast du; hast du aber nicht, so hast du Pech gehabt; denn beide werden eingehen im endlich tiefen und randlosen Nirwana. Das Ende ist nahe bald und wird auch nicht ewiglich sein im schwarzen Loch!

Der Eid von gestern

Als todverzerrt
Und schmerzgekrümmt
Genannte Heimaterde
Nur ein verbogener Eisenträger war, …
Da tatet ihr den Schwur:
Nie wieder!
Als reihenweise
Freund wie Feind,
Genannte Väter, Söhne,
Europa nur ein Friedhof war, …
Da tatet ihr den Schwur:
Nie wieder!
Als dekuvriert
Voll blutbeschmiert
Genanntes Fahnenbanner
Nicht mehr als Wahn und Lüge war, …
Da tatet ihr den Schwur:
Nie wieder!

Wir –
Wir, eure Urlaubserben,
Wir haben's nicht vergessen!
Was blieb noch übrig?
Schwort ihr schon Meineid
An den Wiegen?

Denk positiv

In Anbetracht globaler Sorgen

Ist positives Denken zu bescheiden.
Es geht darum: Gibt es ein Morgen,
Lässt sich der Kollaps noch vermeiden.
Wacht auf! So schreien längst die Spötter,
Denn unsre Lage, die bleibt raß.
Inbrünstig beten an die Götter?
Auch wirkungslos – wir klaffen das!

Der Klimaschutz muss uns frustrieren,
Auf Konferenzen Laien kunkeln,
Strickt sie die Wissenschaft negieren,
Der Lobbyist lenkt aus dem Dunkeln.
Er liebt Profit, nicht unsre Erde.
„Nach mir die Sündflut", Cheferlass!
Auf dass der Reiche reicher werde,
Luftschmutz Glückauf – wir paffen das?

Politikaster lauthals dröhnen.
Ressortkenntnis: nur blasser Schimmer!
Durch Rederei Zwietracht verschönen,
Nur heiße Luft kommt raus, wie immer.
Weltweit den Galionsfiguren
Macht quacksalbern 'nen Heidenspaß.
Auch schürt man eifrig Kriegslemuren,
Die Rüstung boomt – wir waffnen das!

Mammon auf schnöde Art einsacken,
Zocker heut virtuell sich schinden,
Offshore die Steuerfahnder lacken,
Milliarden jährlich so verschwinden.
An Börsen, Banken spekulieren,
Moral verarscht durch 'nen Bypass,

Vor Hunger Völker echt krepieren,
Plutokratie – wir raffen das!

Die Medien zwingen Journalisten,
Auf den der löhnt, sich auszurichten.
Ein Kreuz, kein Job für Idealisten,
Auf Meinungsfreiheit stumm verzichten.
So wird aus Rot ein Schwarz in Stille,
Die Wahrheit hockt nur als Beisaß.
Hurra! Voilà der Mehrheitswille,
Mit dem Erfolg – wir gaffen das!

Demokratie der Millionäre,
Hollywood, Lachgas dopt die Armen,
Fast Food, Elixier für Elitäre,
Und Wahlkampfshow zum Spotterbarmen;
Das Vorrecht mit dem Colt erzwingen,
Lebt fort im Boden ohne Fass.
Oh, USA, dein Lied wir singen,
Vorbild come out – wir affen das!

Wie Karneval sieht's aus von oben,
Ne Prozession monströs im Flitter,
Unterm Talar Hormone toben,
Uns, Sündern, droht ein Strafgewitter.
Die Schäfchen heißt es heilig schröpfen,
Durch Kirchensteuer, Aderlass.
Die Mär getauft in Kinderköpfen,
Grünt Transzendenz – wir pfaffen das!

Scheinheiligkeit die Slums verschulden,
Irrational im Triebe leben,

Den Raubbau und den Kahlschlag dulden,
Das wird dem Mensch den Fangschuss geben.
Wir müssten mit Natur aufbauen,
Doch Divergenz entzweit uns krass.
Wir eklatant Umwelt versauen,
Mit Overmüll – wir straffen das!

Für Wohlstand den Planeten lynchen,
Land, Wasser, Luft hirnlos vergiften,
Den Fortschrittsglauben gülden tünchen,
Weltweit zum Exitus wir driften.
Die Meeresströmung umzulenken,
Auf die Verschmutzer ist Verlass.
Neu! Kinderspiel: Inseln versenken,
Seid unbesorgt – wir schaffen das!

Das Wahlvolk, ist es eingeschlafen?
Lässt sich von Geisterfahrern narren?
Der Souverän mutiert zu Schafen?
Geschoren ziehen sie den Karren?
Auf! Nieten aus den Sesseln treiben,
Wascht die im Schafspelz, macht sie nass.
Es darf kein Schwätzer, Heuchler bleiben,
Auf angepackt – wir richten das!

Bruderherz zeugt Bruderschmerz

Das Reich, nach alliiertem Sieg,
Total verwüstet durch den Krieg,
Wird in vier Zonen aufgespalten,
In Zukunft soll hier Frieden walten.

Der Rassenwahn postdemontiert,
Zum Schutz der Staat noch desarmiert.

Die Siegermächte kriegen Streit.
Darauf ade Gemeinsamkeit.
Der erste Pakt gezielt missachtet,
Weil sie das falsche Schwein geschlachtet.
Zwei Teile sind die Konsequenz,
Statt Einigkeit herrscht Divergenz.

Die Spaltung ist vorprogrammiert,
Wird ideologisch zementiert.
Brüder, vom gleichen Schoß geboren,
Werden als Feinde eingeschworen.
Im Westen – Freiheit dominiert.
Im Osten – die Partei diktiert.

Durch Care Pakete, Marshallplan
Kurbelt der West die Wirtschaft an.
Die Kriegsschuld wird zum Teil vergessen,
Wird Auftakt für das große Fressen.
Der Aufschwung ist ganz fulminant,
Als Wirtschaftswunder weltbekannt.

Der Osten erbt den schweren Part,
Noch Demontage vor dem Start.
Statt geben wird von ihm genommen,
Außer Doktrin, nichts angekommen.
Nach Hennecke lebt das System,
Akkord die Arbeit, unbequem.

Der Bruder West, tumb arrogant,

Hat doch mehr Dusel als Verstand.
Verachtet laut die Kommunisten
In ihren lahmen Trabbi-Kisten.
Den Feind bekämpft er unversöhnt,
Die Hilfeleistung – streng verpönt.

Der Wessi ist der Musterknabe,
Der Ossi bleibt ein linker Raabe.
Sein Volk glotzt auf die andre Seite
Und will sich retten aus der Pleite.
Das freut den Westen ungeniert.
Er hofft, dass das Regime krepiert.

Damit es flott vonstatten geht,
Wird Unmut drüben ausgesät.
West lockt mit Cola, Jeans, Bananen,
Dank seiner Hilfe Zukunft planen.
Bist Flüchtling du, qualifiziert,
Dein Arbeitsplatz ist garantiert.

Die Grenze, noch nicht scharf bewacht,
Ist flugs passiert in dunkler Nacht.
Man packt die Koffer, flieht geschlossen,
Noch hat der Bruder nicht geschossen.
Dem Arbeiter- und Bauernstaat
Gedeiht ein Schaden zum Quadrat.

Die Insolvenz pocht an das Tor,
Es steht ein Staatsbankrott bevor.
Um sich vorm Tod noch zu erholen,
Wird prompt der Mauerbau befohlen.
Glasklar der Ossi wird Verbrecher.

Der Westen spielt sich auf als Rächer.

Freiheit fortan rausgemauert.
Hämisch wird Gewalt betrauert.
Mit Verlaub, dem eigenen Bruder
Wirft man nicht Knüppel in sein Ruder.
Trotz Schießbefehl und Stacheldraht,
Die Qualität bleibt desolat.

Der Lebensstandard aufgemoppt,
Hätte die Flucht sofort gestoppt.
Problem: Die fehlenden Devisen,
Die Ossis Anschluss stets vermiesen.
Zum Kauf stellt er Gefangene frei.
Kritik ist ihm längst einerlei.

Der Wessi heimlich informiert,
Beißt an, ist taktisch interessiert.
Er ordert Oppositionelle,
Bezahlt wird auch für Kriminelle.
Gefasste Schlepper kurzerhand
Zu Idealisten umbenannt.

Und das Ergebnis der Geschicht:
Dem Ossi hilft die Spritze nicht.
Unmenschlichkeit brandmarkt den Osten,
Dafür sorgt West, scheut keine Kosten.
So demonstriert der Lauf der Zeit,
Wirtschaftlich – Überlegenheit.

Geklittert wird noch am Spagat.
Auch Zweifel regen sich im Staat.

Bruderduell der kalten Krieger,
Der Bürger West trumpft auf als Sieger.
Korrekt seziert: Moral unfein!
Abel, warum erschlugst du Kain?

Gipfelplausch

Die weisen Leader großer Staaten
Kommen zusammen und beraten,
Wie die Probleme des Planeten
Zu lösen sind, sonst geht er flöten.

Im Turnus wird ein Ort gewählt,
Der zur Kultur des Gastlands zählt.
Man will in Freundschaft sittsam plauschen,
Und sich mit Flair am Kult berauschen.

Hier gönnen sie sich ein paar Tage,
Mit schöner Aussicht, guter Lage.
Vom Stress der Politik befreit,
Sind sie zu Menschlichem bereit.

Das heißt als Erstes gut dinieren.
Hier können sie frei schwadronieren,
Beim Prosit mit erlesnen Tropfen,
Sich auf die eigne Schulter klopfen.

Mit Eitelkeit und geiler Wonne
Flanieren sie, es scheint die Sonne,
Und diskutiern mit vollem Magen,
Die brennendsten Epochenfragen.

Die Standpunkte, das weiß die Welt,
Sind festgefahren eingestellt.
Hier sind versammelt nur die Satten.
Die Hungerleider stehn im Schatten.

Noch schnell die Nächstenliebe retten,
Bevor sie wieder heimwärts jetten.
Sie digerieren, sind empört,
Wenn jemand gar beim Furzen stört.

Um ruhig zu schlafen Tag und Nacht,
Haben die Häupter vorgedacht.
Bannmeilen um die Tagungsstätte
Zählen zur Sicherheitspalette.

Viel Stacheldraht um die Barrieren,
Protest soll sich zum Südpol scheren.
Eindringen mit Gewalt von außen, –
Die Anarchisten bleiben draußen.

Die aufmarschierten Tausendschaften
Mit Luftaufklärung darauf achten,
Dass ungestört die Lenker drinnen,
Nen faulen Kompromiss ersinnen.

Am Zaun derweil tobt eine Schlacht,
Die einem Kleinkrieg Ehre macht.
Verletzte hat's auf beiden Seiten.
Am runden Tisch sie sittsam streiten.

Die hinterm Zaun – das Volk beklauen.
Die vor dem Zaun – die falschen hauen.

Die drin verdrängen, was sie sollten,
Und die davor, dass was sie wollten.

Dann kommt der Tross zum Resümee,
Im Presse End-Kommuniqué:
„Wir haben effizient geplauscht,
Unsere Gedanken ausgetauscht.

Nachhaltig haben wir beschlossen,
Den Ansatz in die Form gegossen,
Es gilt der Durchbruch dieser Runde,
Als Ökozukunft im Verbunde.

Wir sind einstimmig hochzufrieden,
Mit dem Ergebnis wie's beschieden.
Das Leitmotiv kommt voll zum Tragen,
Wenn wir beim nächsten Gipfel tagen."

Selbst Yeti zieht's die Schuhe aus:
Sie hauen die Millionen raus,
Für nichts und wieder nichts, die Staaten,
Und nicht mal einen Storch gebraten.

Ein Megaaufwand wird betrieben,
Mal sind es acht, mal sind es sieben.
Stur auf Prestige, drehn Pirouetten,
Als wenn sie keinen Auftrag hätten.

Von Hilfsschülern kommt schlauer Tipp:
„Nehmt einen Kahn für euren Trip!
Das würde keinen Penny kosten,
Bevor die Flotten euch verrosten."

Würden im großen Teich sie tagen,
Kommt die Randale nicht zum Tragen.
Kein Molotow gibt's zum Willkommen.
Mit Dank hätte's die Welt vernommen.

Hört ihr Bürger aller Nationen,
Es könnt sich für die Erde lohnen,
Die Herrscher darauf einzuschwören,
Dass sie aufs Wort der Völker hören.

Es wird ein Auftrag wohl durchdacht,
Für sie zur Auflage gemacht,
Die sie exakt befolgen müssen,
Bei den gemeinsamen Beschlüssen.

Man wird sie Videokontrollieren,
Dass sie nicht sinnlos disputieren.
Damit der Talk nicht ewig dauert,
Werden die Leader eingemauert.

Brot und Wasser, einzige Kost,
Und schlafen auf dem Lattenrost.
Statt weiche Sessel harte Hocker,
Das stemmen unsre Führer locker.

Sobald dann grüner Rauch aufsteigt,
Wird ein Ergebnis angezeigt.
Wenn das zum Standard wird auf Erden,
Kann Summit noch zum Retter werden.

*P.S.: Das 41. Gipfeltreffen in Schloss Elmau in Deutschland
2015, Dauer zwei Tage, kostete den Steuerzahler, laut Bund*

der Steuerzahler in Bayern, ca. 360 Millionen Euro. Zum Schutz der Teilnehmer waren 23.000 Ordnungskräfte aus Deutschland und Österreich im Einsatz. Auf den kontrollierten Zufahrtsstraßen versiegelte die Polizei 10.000 Kanaldeckel ...

Ninna nanna für Farbige

Zehn kleine Bleichgesichter
        sich am Rassenwahn erfreun,
Doch eines das kriegt Muffensausen,
        da waren's nur noch neun.

Neun kleine Bleichgesichter,
        sie marschieren in die Schlacht,
Eins davon hat sich selbst erschossen,
        da waren's nur noch acht.

Acht kleine Bleichgesichter
        wollen nur hellblond lieben,
Doch eines macht 'nen Seitensprung,
        da waren's nur noch sieben.

Sieben kleine Bleichgesichter
        erstreben weißen Kodex,
Ein schlaues schleicht sich aus der Lüge,
        da waren's nur noch sechs.

Sechs kleine Bleichgesichter
        leben Herren way of life,
Eins verirrt sich in die USA,
        da waren's nur noch five.

Fünf kleine Bleichgesichter
        führen Staatsstreich im Wesir,
Der Anführer kneift das Arschloch zu,
        da waren's nur noch vier.

Vier kleine Bleichgesichter
        spielen Ku-Klux-Klanerei,
Das dümmste hat sich abgefackelt,
        da waren's nur noch drei.

Drei kleine Bleichgesichter
        gründen eine Rechtspartei,
Der Boss will rechts links überholen,
        da waren's nur noch zwei.

Zwei kleine Bleichgesichter
        die wollen Arier sein,
Doch eines ist ein Schweineigel,
        da war es ganz allein.

Ein kleines Bleichgesicht
        hat leider doch noch überlebt,
Jetzt fängt das Leid von vorne an,
        weil es am Dünkel klebt.

Klage eines Totengräbers

Seit einer Woche schweigt die Glocke.
An meinem Spaten frisst der Rost.
Drei Kinder zerren mich am Rocke,
Karg mein Verdienst, schmal ihre Kost.

Das Schweigen drückt, die Stimme zagt:
Hein schläft! Hein schläft, den ganzen Tag.

Ich steh im Maul der Friedhofmauer,
Und bange um mein eignes Kind.
Klein Glaube zuckt im Fieberschauer,
An meinen Nerven harft der Wind.
Das Schweigen drückt, die Stimme zagt:
Hein wacht! Hein wacht, den ganzen Tag.

Der Turm schreit es nach allen Seiten.
Ein Sarg aus Lug, kein Angebind.
Auch kommt kein Gott es zu geleiten,
Weil alle Götter Schwindel sind.
Das Schweigen drückt, die Stimme zagt:
Hein schläft! Hein wacht, den ganzen Tag.

Die Raben krächzen auf den Bäumen.
Der Sturm zerpeitscht des Tages Licht.
Ein Alb ergrimmt mich in den Träumen,
Wenn Hein neutral sein Urteil spricht.
Das Schweigen drückt, die Stimme zagt:
Hein schläft! Hein schläft, den ganzen Tag.

Ich kaure vor dem frischen Hügel,
Und ringe um mein zweites Blut.
Klein Hoffnung sind erlahmt die Flügel.
In meinen Adern staut sich Wut.
Das Schweigen drückt, die Stimme zagt:
Hein wacht! Hein wacht, den ganzen Tag.

Der Turm schreit es nach allen Seiten.

Ein Sarg aus Trug, kein Angebind.
Auch kommt kein Mensch es zu geleiten,
Weil Menschen doch nur Tiere sind.
Das Schweigen drückt, die Stimme zagt:
Hein schläft! Hein wacht, den ganzen Tag.

In Zukunft ohne Glaube leben,
Der Schnitter trifft mich doppelt gleich.
Die Hoffnung ruht jetzt dicht daneben,
Und trotzdem fühle ich mich reich.
Das Schweigen drückt, die Stimme zagt:
Hein wacht! Hein schläft, den ganzen Tag.

Zutiefst beunruhigt ist mein Wachen.
Verschont der Tod mein drittes Gut?
Euterpe aber hör ich lachen,
Und mein Verstand schöpft neuen Mut.
Das Schweigen drückt, die Stimme zagt:
Hein wacht! Hein wacht, den ganzen Tag.

Der Turm schreit es nach allen Seiten:
Unsterblich ist mein drittes Kind!
Die Ironie wird es begleiten,
Damit wir lebensfähig sind.
Das Schweigen drückt, die Stimme wagt:
Hein hin, Hein her! Den ganzen Tag.

Das Lied der Toten

Gaukelnde Falter nippen und eilen.
Doch, Vorsicht! Lange kannst du nicht weilen.

Sehe, – so sehe!
Wer jetzt im Maien zu lange trauert,
Dem sind die schönsten Tage verloren.
Das Schillern der grünen Fliegen lauert,
Dir wird kein zweiter Frühling geboren.

Lausche, die Lerchen steigen und singen.
Es drängt die Zeit, schon flugs sie verklingen.
Höre, – so höre!
Dein Herz soll sie im Rhythmus begleiten.
Wenn du jetzt nicht plätscherst mit den Wellen,
Wird dich Stille zur Wehmut verleiten,
Und auch kein Klingklang kann dich erhellen.

Federleicht schwingen im Takt die Beine.
Wer hier nicht mittanzt, der bleibt alleine.
Fühle, – so fühle!
Du hältst ein Stück vom Glück in den Händen,
Wenn volle Lippen sich zu dir neigen.
Geschwind kann ein Luftzug alles wenden,
Die Schwalbe zieht fort zum neuen Reigen.

Die Blumen, die am Morgen erblühen,
Sind schön, bis dass sie mittags verglühen.
Rieche, – so rieche!
Ihr Duften, versprüht mit dem bunten Staub,
Webt ein vergängliches, flüchtiges Kleid.
In Windeseile vertrocknet das Laub.
Sommer birgt Arbeit. Herbst – farbiges Leid.

Die Tische gedeckt mit Speisen und Wein,
Schnell setz dich, sie laden nicht jeden ein.

Schmecke, – so schmecke!
Die Stunde schlägt zu frohen Gelagen.
Dein Becher ist bis zum Rande gefüllt.
Greife zu, ehe die Zweifel nagen,
Und zeitlose Finsternis dich umhüllt.

Wiegenlied

Mein Engelchen ein guter Stern
Hält dir vorerst den Hunger fern.
Mein Engelchen sei voll Vertraun,
Es sei denn, deine Haut ist braun.
Mein Engelchen dein Herz ist rein
Und bleibt's nicht so, Gott wird verzeihn.

Wenn es heult, donnert, dumpftödlich platzt,
Im Inferno eine Stadt abkratzt ...
Wenn es brennt und ätzt, blasig gerinnt,
Gedärme flattern im Phosphorwind ...
Wenn es sticht und presst, pilzartig schwillt,
Der Blitz Stahl, Beton mit Mensch verquillt ...

Mein Engelchen hat's dich erschreckt?
Dann wird die Wahrheit schnell versteckt.
Mein Engelchen du fragst warum?
Ach, lass das lieber, sein nicht dumm.

Wenn es heult, donnert, dumpftödlich platzt:
        Guernica!
Wenn es brennt und ätzt, blasig gerinnt:
        Dresden!

Wenn es sticht und presst, pilzartig schwillt:
        Hiroshima!
Wenn, wenn, wenn ...

Mein Engelchen schlaf ruhig ein.
Wer denkt schon wenn bei Sonnenschein,
Auch wenn Millionen Kinder schrein.

Nemo an Simone

Manchmal kreuzen sich Sternschnuppen
Auf ihrem Weg durch das Nichts.
Doch hin und wieder
Rasen sie scheinbar
Ein Stück der Strecke gemeinsam.
Fallen, noch parallel,
Bis dass sie sichtbar divergieren
Und vor unseren Augen verglühen.

War es nicht so auch bei uns?
In der Erinnerung
Nenne ich jetzt vorsichtig,
Dieses Stückchen Gemeinsamkeit,
Diese optische Täuschung –
Einen Zustand.

An Jeanne

Im Meer versteckt verrät sich der Vulkan
Durch ein Bukett aus Oleander.

Kaum ausgebootet wieder dieses Netz:
Der Duft – mal Kapern, mal Jasmin.
Salute grüßt vor seiner blauen Tür.
Zikaden sägen in den Mandelbäumen.
Die schwarze Hummel nagt im Elefantenrohr.
Zum neuen Wein, wieder die alten Lieder.

Die Mittagssonne glüht den schwarzen Sand.
Hinter dem Lavafels, verschwiegene Buchten.
Azurnes Wasser lockt in seine kühlen Tiefen.
Disteln und Stechginster steil auf den Berg.
Wieder sind Trauben am Weg nach Labronzo.
Wieder, wieder – immer wieder
Huschen Eidechsen über schwarze Steine.
Mit ihnen meine Erinnerung – an dich!

Die Schwalbe im Winter

Ich erwache von tristen Wänden beengt.
Vom Bücherbrett äugt meine Erfahrung.
Frost blüht an weißblinden Fensterscheiben
Und ein Betttuch aus Schnee schluckt den Lärm.

Über dem Parkplatz wallt Aufbruch im Dampf.
In die erregt türmende Wolkenwand
Bohrt diffuse Sehnsucht behänd ein Loch.
Sonne, nur zaghaft brichst du hervor.

Ein freches Gesicht kriecht in meinen Kopf.
Huscht, gleich einer Schwalbe, über das Eis,
Blitzschnell, und verwandelt sich in Gefühl.

Betroffen rastert in der Kälte mein Ich.

Hast mich heiß vereist, kleine Primanerin.
Es taut, es wird Frühling, so bleibe doch!
In meinen Gedanken wirst du versteckt,
Damit der Konjunktiv eine Zukunft hat.

Begegnung

An einem Alltag, grau in grau,
Da hab ich sie gesehen.
Sie glänzt bizarr dahingehaucht,
Spontan drum bleib ich stehen.
Ein Staunen steigt von innen auf,
Verlangen, sie zu besitzen.
Sie hat mich glitzernd angestrahlt,
Mit ihrer Knospen Spitzen.

Nur Ebenmaß zeigt die Gestalt.
Ich will sie in mich saugen,
Damit ihr Abbild mir gehört,
Geschützt vor fremden Augen.
Sie strahlt ganz einfach, kristallin,
Proportional unfasslich schwer,
Ein Blick zur Seite lang genug,
In meinem Kopf lebt sie nicht mehr.

Die Nachterblühte hält mich fest,
Verlockt mich sie zu brechen.
Geheimnisvoll dingt sie in mich,
Mit eisigem Versprechen.

Weil sie so schön, doch mir verwehrt,
Besiegt mich neidisch Niedertracht.
Aus Rache und verletztem Stolz,
Hab ich sie hauchend angelacht.

Ernst Zorn

Identitätsbrise

Namenlos und unfreiwillig in die Welt geworfen,
Objektiv nackt, hässlich und zerknautscht,
Schon der erste Schrei schrill aufsässig. –
Endlich voll erwachsen, gekleidet und erzogen,
Eine Kreatur von üblichem Durchschnitt.
Name: Ernst Zorn, ohne seine Zustimmung,
Mit einer religiösen Zwangszugehörigkeit,
Im Pass keine besonderen Kennzeichen,
Ein Viertel seines Lebens statistisch vorüber,
Ohne dass er, Zorn, jemals entscheiden darf.
Sonst sähe bei ihm vieles ganz anders aus:
Apotheose aus Zeus, Herkules und Apollon,
Wohlhabende, verständnisvolle, gütige Eltern,
Wissenschaftler als seine Privatlehrer,
In einer Welt ohne Banker, Politiker, Kleriker …

Aufgescheucht, will er aus dem extramundanen
Kaffeesatz den Sinn des Daseins extrapolieren.
Gerät dabei in ideologisch-philosophische Irrgärten
Aus Glaubensmauern mit Ausgang nur nach oben.
Unerwartet kommen ihm Biologen zu Hilfe.
Mit ihrer wissenschaftlichen Unbestechlichkeit,
Untertunnelt der Zufall die Phantasmagorien.
Zorn entrinnt glücklich aus dem ewigen Ewig
In sein absurdes, wahres, fremdes Zuhause.
Hier fällt Zorn seine Entscheidungen selbst.
Hier leitet ihn nur die Notwendigkeit.

Hier entwickelt Zorn seine neue Identität,
Und kann jetzt ohne Skrupel sagen: Ich …

Kunst in der Warteschleife

Im Flurgang seiner Toilette
Wölbt sich ein Buckel im Parkett.
Sein Stolperstein im Wege zum Parnass,
Der ihn bisweilen dringlich mahnt,
Seine Berufung nicht zu verdrängen.
Unachtsam im Halbdunkel angestoßen,
Küsst ihn die Muse unerwartet jetzt.
Schon lang schwelt Tatendrang im Busen
Kühn im Verborgenen gehegt.
Da zuckt der Augenblick! Die Zeit quillt auf,
Der Abend kreativ winkt farbgekrönt.
Zorn trifft unumstößlich den Entschluss:
Heut male ich ein Bild! –
Nach Tagesstunden sturer Arbeit
Wird er den inneren Schweinehund besiegen.
Wild drauf erwacht sein künstlerisches Ich.
Es strebt nach weltlicher Unsterblichkeit,
Sich seinen Platz zu sichern im Medien-Olymp.

Auf! Ich werde zur Palette greifen,
Den Frühling auf die Leinwand zaubern.
In Noldes Blumengarten schwelgen,
Auf Monets Sommerwiesen weilen,
Mich streiten mit den Krähen des van Gogh,
Und von Cézannes wilden Kieferkronen
Das Tal durchmessen mit stolzem Blick …

Schon hör ich Beifallsstürme der Betrachter,
Ich schwelge im Erfolg! Ich … Ich …

Da weckt ihn keck aus dem Karton
Ein Duft vom Diesseits dieser Welt.
Zwei Dutzend schnöde Socken,
Sie wollen heut und hier gewaschen werden.
Schnell eingeweicht, bald reingeweicht.
Im bräunlich trüben Wasser,
Ertrinkt der musische Elan beim Spülen.
Und hängt, gereiht Farbe zu Farbe,
Ganz eigenwillig kreativ gestaltet
Das Waschwerk auf der Leine, –
Tropft seltsam schillernd Sehnsucht
Aus seinen Socken und verdampft.
Zurück bleibt zaghaft Hoffnung,
Auf dass der Buckel im Parkett,
Nicht morgen, auch nicht übermorgen
Von Kunstbarbaren abgeschliffen wird.

Gelocht und abgelegt

Zorn zwängt sich schreiend aus einem Loch,
Lebt fortan in miesen Mauselöchern
Und erfreut sich in diversen Löchern.
Oft pfeift er aus dem allerletzten Loch.

Er lebt eingelocht in seine kleine Welt.
Nach Loch Ness ist er leider nie gefahren.
Für einen Tag steckt man ihn ins Loch,
Aus dem befreit er sich mit einer Lochsäge.

Darauf wird er im Lochrechner registriert,
Bekommt eine unverwechselbare Lochkarte,
Und wird mittels Lochprüfer überwacht.
Bei Kummer säuft Zorn wie ein Loch.

Zorn hat ein löchriges Allgemeinwissen,
Ist sozusagen ein Lochdünnbrettbohrer.
Politik erscheint ihm wie ein Loch im Kopf
Und die UNO bastelt nur Löcher ins Wasser.

Das globale Wirtschaftssystem ist ein Moloch,
Ins Loch scheißt darum die Dritte Welt.
Den Armen fehlen dringend Wasserlöcher.
Die gesetzlichen Schlupflöcher finden nur Reiche.

Entwicklungshilfe sucht man mit der Lochbrille.
Ein Blick durchs Astloch ist oft innovativ.
Die Nächstenliebe bleibt voller Wurmlöcher.
Und die Löchertheorie wirkt nur im Vakuum.

Zorn singt gern aus dem Lochamer Liederbuch.
Blume im Knopfloch, auf Brautschau, ein Muss.
Im Sommerloch düst er oft durch ferne Länder,
Im Winter sitzt er gern vorm Feuerloch.

Die Löcher im Schweizer Käse machen nicht satt.
An Lochkuchen kann Zorn sich dumm fressen.
Löcherpilze verdaut er immer ganz schlecht.
Auch Lochschlund, als Salat, schmeckt ihm nicht.

Seine Lochkamera hat er bei eBay verkauft,
Locheisen und Lochzange sind auch schon weg.

Da gäbe es noch so manches zu lochen,
Aber er will sich kein Loch in den Bauch fragen.

Sportlich: Bei Golf hat Zorn gut eingelocht.
Bei Lochbillard snookert er sehr clever.
Doch kegelt er auf der Bahn meistens ein Loch.
Aber beim Schuss auf die Lochwand, da locht er.

Stirbt Zorn bald wegen des Ozonlochs,
Dann wird er feierlich in einem Erdloch begraben,
Endet final unweigerlich im Schwarzen Loch,
Entflieht aber doch noch Dank Hawkings.

Wenn Zorn über die Welt nachdenkt,
Entpuppt sich der Schöpfungssinn höchst löchrig.
Loch an Loch, hält, – aber wie lange noch?
Zorn will euch jetzt nicht länger löchern.

P.S.: Pardon, Zorn hat die Arschlöcher vergessen.

Diesseits im Eden

Wenn Ernst Zorn kummerkrank leidet,
Dann geht er ins Eden.
Eden, da hat jeder eine eigene Vorstellung.
Da lockt ein paradiesisches Krankenhaus,
In dem Nachtbummler Äpfel essen –
Meistens schon angebissene.

Bei infernalischem Geräuschpegel
Von einer grölenden Musikbox,

Einem permanent laufenden Bildschirm,
Vier immer bestückten Plattenspielern,
Wiegt sich zappelnd ein Masgottchen,
Außerhalb des Taktes, über der Theke.

Das irritiert selbst den Apfelhändler,
Der seine Ware im Garten versteckt.
Wenn zwischen Gauguin und Pornofoto,
Neben dem ewig tippelnden Chaplin,
Die Raumstation aus dem All klingelt:
Fließt Sekt aus Flaschen in Flaschen.

Nachtbummler sehen sich tief in die Augen,
Und glotzen mühelos aneinander vorbei.
Der Zigarettenqualm schwebt undurchsichtig giftig,
Sodass die listige Schlange längst –
Ein Schönheitsfehler vom Original –
In den Spielautomaten verreckt, vertrocknet.

Gestern, heute, morgen im Eden.
Ob blond, ob schwarz, ob braun –
Hauptsache es läuft ein Film mit Eva.
Die Krankheit hängt in der Garderobe.
Wer klug handelt, sollte es tunlichst vergessen,
Sie beim nach Haus gehen wieder abzuholen.

Wenn Ernst Zorn sich schlecht fühlt,
Dann schleicht er nachts ins Eden.
Selbst die kleinsten Mädchen wissen,
Wo sie den Garten Eden im Ernstfall finden:
In einer paradiesisch verruchten Nachtbar.
Dort bieten sie nur die Äpfel gratis an.

Wer im Eden nicht gesundet,
Ist ein schwieriger, notorischer Fall.
Als wirklich Ultima Ratio
Empfiehlt Ernst Zorn die letzte Hilfe:
Das gerade eröffnete New Eden,
Um den Nepp doch noch zu durchschauen.

Allerdings ist große Vorsicht geboten.
Wer grob gegen die Hausordnung verstößt, –
Der fliegt auch hier gnadenlos raus!

Freie Auswahl

Als Zorn noch jünger war,
Glaubte er, was seine Lehrer ihm rieten:
Geh, dir steht die Welt offen.
Doch als er älter wurde,
Und wie Homer schlechter sehen konnte,
Da erkannte Zorn umso mehr:
Geht er nach rechts,
          wird er verbeamtet.
Geht er nach links,
          wird er verbürokratisiert.
Geht er nach vorn,
          wird er verrationalisiert.
Geht er nach hinten,
          wird er vereinnahmt.
Geht er noch oben,
          wird er verbibelt.
Geht er nach unten,
          ist er verstorben!

Doch jetzt zeigen die klugen Leute
Mit spitzem Finger auf ihn
Und sagen ihm unverblümt ins Gesicht:
„Ernst Zorn, du bist ein Zauderer.
Die Welt steht dir offen
Und du kannst sich nicht entscheiden!
Warum gehst du nicht? –
　　　　Worauf wartest du, Zorn!?"

Ach ja – die Liebe

Ernst Zorn hörte versteckte Anspielungen,
Alle meinten sie Liebe, mit Augenzwinkern.
Darauf schmökerte er in vielen Büchern darüber,
Und begann zu träumen in seiner Fantasie.
Nachts lag er wach und fragte sich und Eros,
Wann die Liebe ihn heimsuchen würde.

Anscheinend stellte die Liebe Ansprüche,
Denn sein Ideal blickte stur an ihm vorbei.
Unbewusst verkümmerte seine Vorstellung.
Zorns Maxime wurde, peu-à-peu, tierischer.
Unerwartet begegnete er ihr doch in der Disco
Und entflammte sofort über beide Augen.

Nächtens belauschte er im unweiten Tümpel
Die Frösche im Wettstreit beim lüsternen Quaken.
Vom blassen, schwülen Mondschein geküsst
Entspross seinem Herzen sinnliches Ahnen.
Endlich erhört kommt es zum ersten Stelldichein.
In Sehnsucht erwartet, treibt ihn diffuses Drängen.

Zorn spürt sich aufreckend die himmlische Liebe.
Diotima lockt geistesverwandt aus idealer Natur …
Beatrice führt selbstlos aus weltlichem Dünkel …
Schilflottchen vereint den Gleichklang der Seelen …

Allein, schummriges Licht, draußen Regen. –
Ein zaghaftes Küsschen auf die gepuderte Stirn,
Ernst will gerade inbrünstig tief seufzen:
Dein grüngelbes Haar mit dem Glimmerglanz …
Deiner violetten Augen wischfeste Verheißung …
Sie aber – entblößt zielsicher seinen Lümmel.

Quork, der Frosch im Tümpel, verdreht die Augen.
Schnürt mit beiden Vorderbeinen sein Liebchen.
Dann reflektiert der Lurch über Ernst Zorn –
Und findet: Der Esel hat zu viel Lyrik gelesen.

Im Frisiersalon

Ernst Zorn wartet auf einen freien Stuhl …
„Zugegeben, ich bin labil",
Sagt Edda beim Föhnen.
„Besser als debil",
Sagt der Taxifahrer Kurt beim Einseifen.
Der Chef lacht lange gluckernd.
„Trotzdem meine ich, mit zwanzig,
Kann ich mir schon ganz alleine
Einen Mann aussuchen", sagt Edda.
Meint Frau Blond beim Eindrehen der Dauerwelle:
„Die Eltern erkennen in solchen Fällen mehr,
Denn sie haben schließlich Erfahrung."

„Wenn sie nicht kurzsichtig sind",
Sagt nickend der Taxi-Kurt zu Edda.
Der Chef lacht wieder gluckernd.
„Wenn du mich näher kennen würdest,
Wüsstest du nachher in jedem Fall
Wer für dich der Richtige ist",
Sagt Herbert, der Bauarbeiter.
Der Chef lacht schallend sich verschluckend.
Dann verstummt die Musik im Radio,
Unterbrochen durch eine Sondermeldung:
Armstrong, Aldrin und Collins
Sind vom Mond zurück und sicher
In ihrer Kapsel im Meer gelandet.

Seit diesem Tag ist Ernst Zorn
Nie mehr zum Friseur gegangen.
Er schneidet sich die Haare lieber selber.

*P.S.: Etwas versöhnlicher wurde Zorn, als er zufällig gelesen
hatte, was Einstein seinem Haarstylisten erzählt haben soll.*

So nett ein Suff

Zorn schleicht früh morgens aus dem Haus.
Noch ist die Birne bleibeschwert.
Ihm scheint die Welt total verheert,
Denn nachts soff er 'ne Pulle aus.

Der Sonne Strahl ist ihm ein Graus.
Ob sich das Aspirin bewährt?
Nüchtern, erst spät, zurückgekehrt,

Plagt Durst ihn mächtig. – Ei der Daus!

Es kostet ihn sein letztes Hemd.
Die Flasche winkt zur schlechten Zeit,
Bezwingt sein Ich unweigerlich.

Schwach er sich noch dagegen stemmt,
Gewissen droht mit Widrigkeit, –
Selbst Freud versagt: scheiß Über-Ich!

Schade um sie

Heute schreibt das Grüne Tageblatt,
Eine junge Frau ... einfach Selbstmord.
Mit Gas!
Stellt sich beim Lesen eindeutig heraus,
Sie ist, war, eine Nachbarin von Zorn.
Zufällig!
Man bedenke, im gleichen Wohnblock –
Nur einen einzigen Stock über ihm.
Stell dir vor!
Sie schlief quasi immer auf ihm.
Keine drei Meter trennten sie voneinander.
Unerhört!
Jetzt so im Nachhinein, Kopf schüttelnd,
Begreift Zorn den Radau am Fahrstuhl.
Gestern!
Bei dem penetranten Geruch dachte er:
Na, wenn das bloß kein Gas ist?
Vorahnung!
In der Zeitung prangt ein hübsches Bild von ihr.

So lernt er sie doch noch kennen.
Postum!
An eins erinnert er sich jetzt deutlich.
Zorn hatte sie schallend lachen gehört.
Etwas irr!
Ziemlich genau letzten Herbstanfang,
Nein, es war schon bereits Ende Herbst.
Auch egal!
Zorn vernahm es durch die Decke.
Omen, ein Zeichen von Verzweiflung?
Wer weiß?!
Im Bericht steht noch ganz ausführlich,
Ein Draht verband sie mit der ganzen Welt.
Schau an!
Vielleicht mit einem einzigen Anruf …
Wenn Zorn das nur früher erfahren hätte, dann …
Zu spät!

Meer der Freiheit

An windstillen, sonnigen Tagen,
Wenn Ernst Zorn sein Boot zu Wasser schiebt –
Zwischen Wiederholung und aussichtslos –
Hinausfährt aufs weite, offene Meer,
Sich vor sich selber heimlich hinausschleicht,
Bis sich die paradoxen Kleinigkeiten
Im Dunst über dem Wasser auflösen.
Von kreisenden Makrelenschwärmen
Ohne Unterschied gierig gefressen,
Mit diesen dann plötzlich und unerwartet,
Bedeutungslos, in der Tiefe verschwinden. –

Ringsherum offener Horizont,
Dann ist Ernst Zorn in seinem Element.

Er tuckert mit seinem kleinen Boot,
Pisst die Reaktionäre über Bord,
Rudert über philosophisches Geseire,
Und beködert die Haken seiner Schleppangel
Mit den faulen politischen Salbadern.
Darauf beißen letzte Tune aus Wut besonders gut.
Man entferne die Gedärme und die Rhetorik,
Sonst stört das später beim Grillen.
Er ruft durch trichterförmige Hände:
„Kommt mit, ihr Heuchler und Jasager!
Hier brist die Freiheit jeden Tag!
Hier scheißt man auf das Absolute!" –
Ja, hier ist Zorn in seinem Element.

Alle, die sich hinwenden zum Rufer,
Sehen das offene, weite Meer.
Erst eine Richtung, dann weglose Weite.
Da flattern ihnen ihre zaghaften Ärsche,
Presst sich Angst als Chemie durch ihre Haut,
Perlt und stinkt spottserbärmlich.
Angeheuerte Claqueure bei sinnlosen Predigten,
Mit dem Stempel im tiefen Bewusstsein:
Knechte! – Gekettet an Gottes Gnaden, –
Senken demütig die Köpfe ins Joch.
Sie ziehen wertentfremdende Ideologien
Über die mit Leichen asphaltierte Geschichte. –
Vom Jahre Null als hoffnungsvolle Nullen.
Wenn er hinausfährt aufs Meer,
Ohne abendländische Bevormundung,

Offener Horizont – ringsherum,
Mit der rechten Hand fest auf dem Ruder:
Dann ist Ernst Zorn in seinem Element.

Und könnte er so weitertuckern,
Immer weiter, über den Horizont hinaus,
Und dann rein zufällig abheben ins All …
Dort wäre Zorn zweifellos endlich,
Absurd – zurück in seiner fremden Heimat.

Das Glück klopft an

Ernst Zorn in seinen jungen Jahren
Hat eines Nachts vom Glück erfahren.
Im Bettchen ward ihm vorgelesen,
Wie es mit „Hans im Glück" gewesen.
Die Mär im Kopf hält sich indessen,
Auch bleibt sie logisch anfechtbar.
Er kann die Fabel nicht vergessen:
Das Gold – das will er, das ist klar!

Doch Glück, wie kann man es erfassen?
Wie sieht es aus? Wird es erlassen?
Wie weiß wer wann? Weckt ein Gespür?
Das Glück, wenn's kommt, klopft an die Tür,
Erhält zur Antwort Ernst von allen.
Und auch die Fragen: Glück warum?
Was der Gewinn, ihm zu verfallen?
Der Hans, der tauscht, das ist doch dumm.

So wächst Ernst auf, stets auf der Hut,

Und weil es ausbleibt, keimt die Wut.
Er fordert Glück, prompt kommt es an,
Als ein Geschenk vom Weihnachtsmann.
Fliegenpilze reichlich bemessen,
Marienkäfer ganze Scharen,
Er hat sie alle aufgegessen.
Ein Glücksschwein – doch das hilft beim Sparen.

Ernst reitet auf dem Schaukelpferde: –
Sein Rücken sei das Glück der Erde,
Ein Rindvieh sei's, sucht seinesgleichen,
Nur pur durch Zufall zu erreichen,
Ein Augenblick, nicht festzuhalten.
Lebt Glück brach in der Fantasie?
Kann er Fortune nicht selbst gestalten?
Nichts als Gefühl – reine Chemie?

Die Zeit verstreicht mit horchen, warten.
Er steht bei Fuß, sofort zu starten,
Wenn sich die Wonne zeigen sollte.
Der Zufall lacht, wie Ernst es wollte.
Das Glück liebt blond und alles dran.
Er schwelgt im Dusel zum Beneiden.
Dann fangen schnell die Sorgen an,
Genötigt – muss er sich bescheiden.

Es fehlt Glücks-Geld zum Lotto spielen.
Das erste Kind fängt an zu schielen.
Im Haus ist Feuer ausgebrochen.
Der Schnellkochtopf zerplatzt beim Kochen.
Auch der Erfolg bleibt Ernst versagt.
Er kann sich keinen Urlaub gönnen …

„Noch Glück gehabt", wird ihm gesagt,
„Es hätte schlimmer kommen können."

Das Glück klopft einmal nur im Leben,
Sonst würde es 'nen Plural geben.
Der Hinweis: „Renne nicht zu sehr,
Das Glück rennt meistens hinterher",
Lässt seine Hoffnung grausam schwinden.
Wenn paradox Glück postum sei,
Und wär zu Lebzeit nicht zu finden,
Dann ist das Glück – ein faules Ei.

Als Ernst schon grau nach Weisheit strebt,
Sich selbst erkennt und mäßig lebt,
Vernimmt er klar ein tückisch Pochen:
Das ist Fortuna, wie versprochen!
Er eilt zur Tür, um nachzusehen,
Wie er auch forscht, Bonheur sich tarnt.
In seinem Kopf reift ein Verstehen:
Glück gleich Phantom, sei drum gewarnt.

Objektivierte Fantasie

Nymphen tanzen um die Quellen,
Feen zaubern in weißen Gewändern,
Trolle kugeln sich durch die Wälder,
Elfen schweben im Lichterreigen,
Zwerge hämmern aus den Bergen,
Erlkönig galoppiert durch den Sturm,
Lemuren geistern über den Gräbern,
Hexen lauern am Knusperhäuschen,

Götter, verkleidet, heimsuchen Seelen
Und gar der Teufel hinkt quer Gebet.

Die stockfinstere Nacht dräut, aber lebt!
Sie ist tief, unergründlich, geheimnisvoll.
So kulturierten sie den kleinen Ernst. –
Panflöten locken und betören lüstern,
Lyren klagen melancholisch monoton,
Äolsharfen zupft gefühlvoll der Wind,
Mondstrahlen flüstern ins ängstliche Ohr,
Märchen reiten auf, unter den Wellen,
Sagen plaudern von Ruhm und Größe,
Geister spuken auf Schlössern und Burgen.

Ernst Zorn ist skeptisch – aber offen.
Er will die Nacht ergründen und belauschen.
Ein Pfeifchen gemütlich schmauchend
Geht er erwartungsvoll auf seinen Balkon. –
Zuhälter prügeln sich vor dem Nachtlokal,
Stripperinnen zerren sich an den Haaren,
Besoffene und Fixer grölen in Parkanlagen,
Passanten schreien in ihr Smartphone,
Motorradfahrer preschen mit Vollgas,
Autos krachen auf der Kreuzung zusammen.

Martinshörner heulen näherkommend,
Eine Schiffssirene zittert aus der Ferne,
Jets donnern durch die Anflugschneise,
Die Straßenbeleuchtung brennt flackerfrei,
Hupkonzert verzweifelter Bürger im Stau,
Stereoanlagen dröhnen herüber vom Hochhaus,
Jemand drückt herzhaft die Wasserspülung.

Die Nacht ist taghell – ordinär belebt.
Zorn schüttelt fantasielos den Kopf.
Geht dann, im Innersten beruhigt, zu Bett.

Alle Jahre wieder ...

Heute, am Tag der Arbeit,
Da kommen einmal im Jahr
Die Proletarier zu Wort.
Einzelreden, Volksreden,
Staatsreden, Gewerkschaftsreden,
Oppositionsreden, Betriebsreden ...

Ernst Zorn wundert sich sehr,
Wie schön gewitzt die Malocher geifern.
Aber wieso Marschmusik dazwischen?
Vorreden, Hauptreden,
Zwischenreden, Schlussreden,
Nachreden, zum Munde reden ...

Allein vom Zuhören wird der Gaumen trocken.
Man bekommt einen gewaltigen Durst.
Das geht nicht nur Zorn so.
Lobreden, Hassreden, Leerreden,
Schmähreden, Lehrreden,
Ostreden, Westreden ...

Sie werden ganz schön politisch,
Und zeigen es denen da oben,
Hört Zorn die Werktätigen murmeln.
Marathonreden, kurze Reden,

Rundfunkreden, Fernsehreden,
Öffentliche Reden, gedruckte Reden …

Das kann man mit uns nicht machen.
Einigkeit macht stark!
Der Erste Mai ist ein kolossaler Gewinn,
Das melden jedenfalls alle Brauereien.
Rumreden, zerreden, bereden,
Verreden, blödreden, dummreden …

Wir haben ein soziales Programm
Und eine internationale Ideologie.
Völker, wieso hört ihr nicht die Signale:
Das Prekariat klopft an die Tore. –
Für heute jedenfalls, Fahnen einrollen.
Wir sehen uns wieder im nächsten Jahr!

Im Fußballstadion

Heute, in der Weißbier-Arena,
Entscheidet sich die Meisterschaft.
Die Partie: – Spielvereinigung Wodka,
Gegen, den ewigen Angstgegner,
Eintracht Grappa 07.
Einen Vorgeschmack auf das Spiel
Verspürt die Stadt am Vormittag.
Die Hooligans beider Klubs liefern sich,
Unter strengem Polizeischutz, Straßenschlachten,
Die den Steuerzahler teuer zu stehen kommen.
Aufgetankt und anständig versorgt mit
Kanonenschlägen, Raketen und Wurfgeschossen,

Geht's Fahnen schwenkend ab zur Arena.
Die Gastgeber grölen ihr Schlachtlied:
Heute hauen WIR nach altem Brauch,
Grappa mit dem Hammer auf den Bauch!

Die Ersten und die Letzten im Stadion
Sind die Trommler mit ihren Pauken.
Vor dem Spiel, während und danach,
Hauen sie erbarmungslos drauf im Takt.
Das soll Stimmung geben und gehört dazu.
Wie der ewig sich wiederholende Song:
"Oh when the Saints go marching in"
Und anderer monotoner Singsang,
Stundenlang, ohne jede Unterbrechung.
Viele stehen travers zum Spielfeld,
Sie spielen Dirigent. Hier sind sie wer!
Wer seinen Platz in ihrer Nähe hat,
Der hat Pech auf der ganzen Linie.
Zum Match sind achtzigtausend gekommen.
Sie wollen gewinnen mit ihrer Elf.
Heim hofft, es Grappa endlich zu zeigen.
Heute hauen WIR nach altem Brauch,
Grappa mit dem Hammer auf den Bauch!

Dann tänzeln die Millionäre
Sprintend und kickend auf den Rasen.
Die Aufstellung der Heimmannschaft:
Im Tor wie immer, Holowabumbo,
Innenverteidiger – Salicic und Grawodu,
Außenverteidiger – da Riccordono und van Arù,
Mittelfeld – Wu Wu, Hatiri und Walobo,
Angriff – Galschenkov und Silivilinsky,

Die Spitze spielt heute – Mc Gregor-Cool.
Der Letzte auf der Ersatzbank – Hans Meier.
Das Schiedsrichtergespann formiert sich.
Nach Seitenwahl und Wimpel-Austausch,
Schade, dass es noch keine Vereinshymnen gibt,
Sind alle in Erwartung: Der Anpfiff schrillt.
Heute hauen WIR nach altem Brauch,
Grappa mit dem Hammer auf den Bauch!

Die Partie plätschert so lala dahin.
Beide Seiten hemmt der enorme Respekt.
Die Ultras, in ihren getrennten Blöcken,
Entrollen geile Sprüche auf Transparenten.
Freund und Feind sind modern aufgerüstet,
Sie setzen farbige Laser zum Blenden ein.
Auch sind sie hervorragend bewaffnet:
Pfeffersprays, Elektroschocker, Schlagwaffen.
In der Südkurve ist man organisiert:
Wodka! – Klatschrhythmus und wieder,
Wodka! – Klatschrhythmus und wieder …
In der Nordkurve: – Grappa! Klatschrhythmus.
Das Spiel scheint viele nicht zu interessieren.
Man steht mit dem Rücken zum Spielfeld,
Mit nackten Oberkörpern auf den Rängen.
Dann stürmen die Wodka-Ultras,
Den Block der Ultras von Grappa.
Es setzt eine wüste Schlägerei ein.
Heute hauen WIR nach altem Brauch,
Grappa mit dem Hammer auf den Bauch!

Ordner und Polizei greifen endlich ein.
Kanonenschläge explodieren beim Torwart,

Raketen zünden zwischen den Zuschauern,
Rauchbomben vernebeln die Arena.
Der Schiri bricht, unterbricht das Spiel.
Zufällig ins Stadion verirrte Familienväter
Überlegen sich krampfhaft Strategien,
Wie sie ihren Nachwuchs retten könnten.
Der Stadionsprecher appelliert an die Vernunft.
Die Polizei setzt mehr auf ihre Schlagstöcke,
Knüppelnd trennt sie die Parteien.
Ein Intermezzo mit glimpflichem Ausgang.
Die eilig geflohenen Kicker-Millionäre
Kommen zögernd zurück aufs Spielfeld.
Der Schiri pfeift die Partie erneut an.
Es wird weiter gekickt. Noch fehlen Tore.
Heute hauen WIR nach altem Brauch,
Grappa mit dem Hammer auf den Bauch!

An der Seitenlinie springen zwei Figuren,
In Maßanzügen, weißen Hemden mit Krawatten,
Wie von der Tarantel gestochene Affen,
Fuchtelnd, winkend und zeigend:
Nach vorne, nach hinten, auf die Seiten!
Sie pfeifen auf zwei oder vier Fingern,
Wiederkäuen wie Kühe und schlucken Wasser.
Sie dirigieren das Spiel auf dem Feld,
Verwirren die ratlos blickenden Koryphäen –
Die Hampelmänner beachten oder spielen?
Meistens entscheiden sie sich fürs Kicken,
Zur großen Freude für die zahlenden Zuschauer.
Diese Figuren, das sind die Coachs,
Mit ihren wutverzerrten Gesichtern.
Der von Wodka heißt Pep Carambalola.

Die Gegner – nennen ihn liebevoll – Depp.
Grappas Coach, mit unaussprechlichem Namen,
Kommt aus Argentinien, Feuerland.
Sitzt aber noch fest im Sattel, der Gaucho.
Heute hauen WIR nach altem Brauch,
Grappa mit dem Hammer auf den Bauch!

Dann kommt endlich der Pfiff zur Halbzeit.
Die Fans besorgen sich Nachschub – Bier.
So ein Spiel ist nüchtern für sie unerträglich.
Ernst Zorn ist unvorsichtig, er reflektiert,
Und grübelt, wer hat das nur gesagt:
„Der Sport ist ein Spiel,
Das der Lebensfreude dient."
Dieser idealistische Träumer und Spinner
Ist ein Dinosaurier aus der Kreidezeit.
Zur Organisation und Management …
Wer die FIFA nicht kennt, steht im Abseits.
Der Überbau ist eine Art Spielkasino,
Wo die Funktionäre ohne Einsatz immer gewinnen.
Die Millionen wechseln solange die Taschen,
Bis keiner mehr weiß, wo sie geblieben sind.
Bonus, ja Bonusse werden gratis verteilt
Wie Karamellen: für Tipps, für Beratung
Oder für Sympathie und Stillschweigen.
Ein Selfservice ohne Kasse am Ausgang.
Sport, als Unternehmen, ein Big Business,
Frühlings-, Sommer-, Herbst-, Wintermärchen.
Heute blattern WIR beim Fair-Play-Marsch
Gaunern die Millionen in den Arsch!

Der Schiri pfeift die zweite Hälfte an.

Auf dem Rasen geht es immer ruppiger zu.
Sie grätschen, stoßen, reißen am Trikot …
Von vorne, von hinten, von den Seiten …
Der Unparteiische lässt alles durchgehen.
Zorn zweifelt: noch Fußball oder schon Rugby?
Auch lernt er eine zeitgemäße Form von Fair Play.
Foult die Heimmannschaft, brüllt man: Bravo!
Verstoßen die Grappaner, grölt man: Pfui!
Die Mehrheit im Stadion entscheidet.
Hier herrscht noch wahre Demokratie,
Ohne Bevormundung aus Brüssel oder so.
Dann aber wollen die Zuschauer Gerechtigkeit.
Sie schreien unisono: Schiedsrichter Smartphone!
Das hilft. Der Schiri zückt jetzt Gelbe Karten.
Langsam beruhigt sich die Partie.
Heute hauen WIR nach altem Brauch,
Grappa mit dem Hammer auf den Bauch!

Es wird quer, wieder quer und quer gepasst.
Auch der Torwart wird fleißig einbezogen.
Man löwt jetzt, Vorbild ist unsre „Mannschaft",
Das heißt, der Ball läuft gut und rund.
Ist aber todlangweilig, weil auch ohne Tore.
Dann verliert man endlich den Ball,
Jetzt macht der Gegner das Gleiche.
Dazu das Geschenk der Italiener: der Catenaccio.
Elf Mann hinten drin in der Verteidigung,
Vorne beten und mit Gott hoffen,
Auf einen Sonntagsschuss am Samstag.
Oft hilft auch ein Eigentor zum Sieg,
Dann bekreuzigen sich die Spieler.
Für einen echten Fan ist Tor, egal wie, – Tor.

Heute hauen WIR nach altem Brauch,
Grappa mit dem Hammer auf den Bauch!

Dann gibt es, Spott sei Dank, ein böses Foul.
Die Gegner geben sich nicht die Hand,
Sondern stoßen mit den Köpfen wie Widder.
Blut fließt aus breiten Platzwunden.
Endlich ist wieder was los auf dem Acker.
Die Zuschauer erwachen, sind neu belebt.
Wer hat wen? Man kann sich nicht einigen.
Ein Dilemma für den Unparteiischen und –
Er ahndet diesen Vorfall salomonisch:
Rot nach Wodka, Rot nach Grappa.
Beide Teams spielen nur noch mit zehn.
Komisch, alle Kicker spucken wie die Lamas,
Nur viel, viel öfter als diese armen Tiere.
Zum Glück gibt es noch einige Aufreger.
Abseits? Ja oder nein? Ja, – das Tor zählt nicht.
Ein Foul am oder schon im Strafraum?
Elfer oder nur direkter Strafstoß?
Der Schiri entscheidet: außerhalb
Und außerdem noch auf Schwalbe.
Kein Elfmeter. Der Täuscher sieht Gelb.
Heute hauen WIR nach altem Brauch,
Grappa mit dem Hammer auf den Bauch!

Das gerechte Endergebnis: Unentschieden.
Und die ganze Partie: Null – Null!
Die Wodka-Anhänger feiern das Remis,
Weil sie diesmal nicht verloren haben.
Die Anhänger von Grappa feiern euphorisch,
Weil sie einen Punkt mit nach Hause nehmen.

Fußball war einmal reine Männersache.
Wenn du heute an der falschen Stelle applaudierst,
Zieht dir die zierliche Blondine neben dir,
Ihre Fahnenstange aus Volleisen über die Rübe.
Wer beschließt: In Zukunft nur Sportschau,
Kommt mit dem Bregen in die Taufe.
Dort quatschen die Kneipenreporter unentwegt,
Sie entwickeln ihre „Theorie" über Fußball.
Die Klugscheißer schieben Pfeile und Linien
Über den Bildschirm – wer, wann, wie, warum.
Ist ein Tor gefallen, zeigen sie es hundertmal.
Und statt des Spiels glotzt du Dauerwerbung.
Als Alternative bleiben Krimi- oder Fickserien,
Das ist ja manchmal auch recht sportlich.

Unser Matsch hat noch ein Nachspiel.
Das Sportgericht prüft die Fernsehaufnahmen.
Mit dem Foul angefangen hat eindeutig Wodka,
Also kriegt er eine harte Sperre für fünf Spiele.
Der von Grappa reagiert nur unsportlich,
Also kriegt er eine Sperre für zwei Spiele.
Auch auf der Straße geht die Partie weiter.
Jeder gegen jeden, alle gegen die Bullen.
Zwanzig Schlägereien, zweiundfünfzig Verletzte,
Siebzehn demolierte Autos und drei Bankomaten,
Achtzig Scheiben, elf brennende Müllcontainer …
Im oder kurz vor dem Delirium
Fraternisieren beide Blöcke im Frühtau.
Schließlich sind sie dasselbe Produkt
Einer gezüchteten, gewollten Manipulation.
In Wirklichkeit geht es nur noch um Kohle,
Aber das haben die Fans noch nicht gespannt,

Und umarmt grölen sie gemeinsam:
„So ein Tag, so wunderschön wie heute,
So ein Tag, der dürfte nie vergehn!"

P.S.: War einst ein toller Sport. Vor allem, wer selber kickt.

Die weiße Flagge

Auf der Spielwiese begegnet Ernst Zorn
Einem in sich versunkenen Vierkäsehoch,
Der sehr besorgt dasitzt und nach oben schaut.
Er ahnt nichts Gutes, will sich davonschleichen.
Da kräht der T-Shirt-Matz ihn unvermittelt an:
„Onkel Ernst, kennst du den gerechten Gott?"
Zorn trifft es wie ein Donnerschlag von Thor,
Was soll er antworten, er schaut auch nach oben.

„Warum habe ich keinen schönen Fußball?
Warum sind viele Kinder arm, aber einige reich?
Warum gibt es mehr Menschen als Heuschrecken?
Warum werden Wasser und Luft vergiftet?
Im Krieg, auf welcher Seite kämpft der liebe Gott?"
Jetzt schaut Zorn statt nach oben, nach unten.
Ihm fällt der Unsinn ein, der in der Bibel steht.
Während er noch krampfhaft überlegt, was nun …

„Was kosten Panzer, Flugzeuge und Raketen?
Gibt es das Spielzeug der Erwachsenen umsonst?
Oder bringt das auch alles der Weihnachtsmann?
Warum versteckt sich der glorreiche Gott da oben,
Kommt nicht runter, und räumt sein Zimmer auf?"

Zorn steht da wie ein begossener Affenpinscher.
Geht ihn das was an oder geht ihn das nichts an.
Eigentlich schon, alle sollten … Aber da geht's ab:

„Was suchen wir auf dem Mond und dem Mars?
Warum verhungern viele Menschen auf der Welt?
Warum kultivieren wir nicht unsere Wüsten?
Dann könnten sich doch alle satt essen.
Was zum Teufel ist eigentlich der Teufel?"
Da hätte Zorn sofort eine Antwort parat. –
Ohne Teufel ist der liebe Gott gar nicht so lieb.
Aber begreift das ein Eben-Pampers-Entwöhnter?

„Die Großen sagen unentwegt: – wir glauben,
Gibt es unter ihnen einige, die etwas wissen?
Sind sie zu Kindern ehrlich oder belügen sie uns?
Oder ist die Geschichte mit dem allwissenden Gott
Ein Märchen, wie das ‚Tapfere Schneiderlein'?
Onkel Ernst, bist auch du ein Hammel Gottes?"
Zorn zieht hörbar Luft ein, jetzt reicht es aber …
Dieser Klugscheißer, wieso fragt er gerade mich?

„Onkel Ernst, du glotzt wie der Froschkönig.
Versuch ja nicht in Gleichnissen zu lügen, sonst –
Wird deine Nase viel länger als die von Pinocchio.
Ich werde morgen im Internet nachschauen.
Gibt es ihn, dann hat er eine URL mit Homepage
Mit vielen, vielen erklärenden Hyperlinks!"
Sprachs und geht auf die andere Wiesenseite.
Beim Fußball, da geht's zur Sache ohne warum.

So ein Rucksack-Knirps, denkt Zorn nachdenklich,

Fragen mit warum nerven, sind aber sinnvoll.
Ach – nur mit beten war's vordem,
Beim Bibelzauber so bequem.
Die Menschheit, tumb, im Glauben denkt,
Es gibt 'nen Gott, der Leben lenkt.
Jetzt fragt Zorn die Mündel-Lämmer des Herrn:
„Wann werdet ihr euch endlich darwinisieren?"

Abnehmend

Als Zorn zwanzig Jahre alt war,
Auf dem Weg ins volle Leben,
Mit dem Ziel, ein Idealist wollte er sein, –
Da sagte er stolz:
Ich bin der MANN!

Nachdem er zehn Jahre immer pünktlich
Zu seiner Arbeit gegangen war,
Und sich im System integriert hatte, –
Da bemerkte er betroffen:
Ich bin nur MAN!

Als er über dreißig Jahre alt war,
Und ihm keiner mehr trauen wollte
Von der jüngeren Generation, –
Da stellte er nüchtern fest:
Ich bin schon MA!

Als er nach weiteren verweilten Jahren
Im Sessel, endlich die Hand am Ruder,
Und wie die anderen, ein Pharisäer war, –

Da dachte er insgeheim:
Ich bin wie M!

Als er nach seinem Dienstjubiläum
In seinem Hinterstübchen nachforschte,
Zorn, was ist übrig geblieben von dir? –
Da entdeckte er traurig:
Ich war ein _ _ _ _ _ _!

Jetzt bin ich seelenfrei

Ernst Zorn, ein Kerl mit grobem Schliff,
Hat Schwierigkeiten mit dem linken Glauben.
Ist etwas existent, dann muss er es auch:
Sehen, hören, riechen, schmecken oder fühlen.

Die frohe Botschaft: In dir lebt eine Seele,
Trifft ihn im Denken erstaunt und tief besorgt.
Woher kommt sie, so ganz unbestellt zu mir?
Was ist das Wesen dieser meiner Seele?

Der Mensch, ob er es will oder auch nicht,
Beherbergt, wie alle Säuger, 'nen blinden Passagier.
Bei Pflanzen noch kungeln die Gelahrten.
Für Zorn ein Muss: hinter den Glauben schauen.

Große, kleine Seelen, wann, wo werden sie geboren?
Als Hypothesen fliegen sie, ein Schwarm von Staren,
Schnelllebig, abstrakt Gedankenmuster zeugend,
Unzählbar, noch vor der Nacht am Denker-Himmel?

Zorn, deine Seele keimt, sie wächst in dir,
In dem sozialen Umfeld deines Laufstalls.
Die zarte, einfühlsame aus den Großstadtslums?
Brutal und rücksichtslos gesäugt in den Palästen?

Fiktiv geboren in den Träumen hehrer Denker?
Die Seele variiert ein Jota hoch oder eins tiefer,
Sich differenzierend im Duell der Geister,
Die sich ein Denkmal setzen in künftigen Annalen.

Von Gott genannten Wesen aus Vergangenheiten,
Beim ersten Atemzug ins Mark gehaucht,
In Zukunft seiend, tief eingefressen wie die Zecken,
Sich nährend vom Geist der machtlos Gläubigen.

Jedwede Religion fabuliert ihr eigenes Seelchen,
Hausend in ihrer devoten Glaubensherde.
Ein Seelenschöpfer nur könnte der Wahre sein,
Doch globale Vielgötterei entlarvt den Schwindel.

Reinkarnation! Zorn packt das blanke Grauen.
Da kriecht feig, hinterrücks in ihn 'ne Seele, –
Die eines Massenmörders, Regisseurs, gar Papstes,
Eines Politikers, Bankers oder Managers ...

Die eines Affen, gut. Die eines Esels, Schweins?
Da regt sich Vorbehalt zur Seelenwanderung.
Zorn sieht verwaiste Seelen im Kreißsaal lauern,
Zum Hasardsprung ins schreiend Neugeborene.

Wo Seelchen mein, versteckst du dich in mir?
Im Herz, Bauch, Zwergfell oder in der Brust?

Im Kopf, im Blut, im Ganzen meines Körpers?
In der Zirbeldrüse oder in Vater Adams Lenden?

Und bei der Zeugung ejakuliert auch Gott,
Den Finger noch schnell dazwischen in der Ritze,
Auf dass die Seele göttlich wird und nicht profan,
Damit sie sich auch rette in alle Zufalls-Blagen?

Sie, deine Seele, geerbt aus Vater Adams Sack,
Schwebt in der Luft atomisiert, immateriell.
Sie nimmt Besitz, ist edel, doch lässt dir die Triebe.
Sie liebt den Dualismus: innen gegen außen.

Unsterblich will sie sein, auch manchmal nicht.
Allein bleibst du im Totenbett. Die Seele flieht!
Die Glaubensindustrie hat Seelenspray kreiert,
Besprüht wird deine Seele Sklave, Konsument.

Und sterbe ich, stirbt sie mit mir unwiderruflich?
Oder türmt feige sie, schlüpft in 'ne junge Braut?
So im Grübeln kommt er zu einem Gottesacker,
Setzt nieder sich im Schatten des Olivenbaums.

Zorn horcht, in Gedanken schwanger, sich fragend:
Aus welchem Topf kommt sie, diese meine Seele?
Wer hat dich eingeschmuggelt? Was hast du vor?
Mein Körper ein Nest fürs Seelen-Kuckucksei?

Er will heut seine Seele sehen, sie soll sich zeigen.
Geduldig harrend kann er sie nicht entdecken.
Wer hat sie je geortet, ihre Existenz verifiziert?
Ist sie immateriell? Was kommt dann rein, was raus?

Im Kopf fühlt Zorn ein riesig Etwas wie besoffen.
Ist das die Seele, die in die Wiege ihm gelegt?
Sind Widersprüche es, so nein, so doch, so nicht?
Vielleicht könnt man sie gewaltsam exorzisieren?

Schon lange schaut er auf einen Bovist im Gras.
Er will die Seele sanft dialektisch überzeugen.
„Schau", sagt Zorn, „dieser Pilz da vor uns,
Ist wässrig, feucht und roh, ganz unbeseelt.

Er kennt das Glück, die Liebe, Sehnsucht nicht,
Noble Gefühle und das Jonglieren mit Gedanken,
Weiß nichts von Geist, Philosophie, von Religion,
Doch auch ein Pilz ist wilderpicht beseelt zu sein.

Sei eine Freiseele du, errette den Bovisten auch."
Drauf spürt er im Gedärm ein heftig Streiten,
Gleich einem Kurzschluss blitzt es in seinem Kopf,
Und dann, erlöst und klar, spürt Zorn Befreiung.

Die Seele hat ihn in diesem Moment verlassen.
Auf springt er. Gezielt zertritt er den Bovist.
Das Gallert, feucht und glibberig, windet sich,
Kriecht gegen ihn, partout will sie zurück in ihn.

Schwein hat er, alttrockne Seelen sollen Stauben.
Der Augenblick ist da, auf den er lang gewartet.
Zorn flieht, die Seele bleibt zurück im Friedhof.
Jetzt wird es umgekehrt. Er ist's, der sie verlässt.

Jetzt endlich seelenlos lebt Zorn in Frieden.
Verwirrt sind Seelsorger, Seelenhirt, Seelenarzt.

Er spart sich Seelenmessen, Seelenheil und so.
Nur Seelenkäufer sind missionarisch penetrant.

Jetzt hat er Platz. Das Novum muss sich einen.
Das neue Nichts ist emergent von seinem Körper,
Kein Kleinkrieg zwischen drin und draußen,
Psyche und Geist verschmelzen zu Ernst Zorn.

Jetzt kann er endlich sterben, ohne sich zu teilen.
Die Singularität, das Ich, geht mit ins Grab,
Vergeht mit ihm, zählt nur real noch als gewesen.
Kein Seelen-Balg lauert am Weg auf Wiederkehr.

Der Tod wird zeitlos. Wer's nicht verknusen kann,
Soll weiterspinnen an neuen spöttlichen Fiktionen.
Er wird es wissen mit der Physik und der Chemie.
Statt endlos labern, wächst draus Notwendigkeit.

Entkommt seine Singularität dem Schwarzen Loch,
So mag die Energie ihn menschlich halten oder nicht.
Und transformiert sich wieder Materie dann aus ihr,
Sei es gegrüßt das alte Individuum: nroZ tsnrE!

Hallo Dienstmann

Oben!
Oder auch droben,
Ist ein gewöhnliches Wort
Unserer alltäglichen Sprache.
Kurioserweise bekommt dieses Wort,
Überraschend, oft eine Aureole.

Aus einem erfunden Grund,
Muss man es ehrfurchtsvoll aussprechen,
Unterwürfig und mit devoter Stimme,
Im Zusammenhang mit einem Zusatz.
Oben, – ER – DA OBEN,
Fast ausnahmslos allen oktroyiert,
Fesselt Ernst Zorn und beschäftigt ihn.

Auch er, vom Übel nicht ausgespart,
Wurde belastet mit diesem symbolischen Kreuz.
So schickten sie ihn auf seinen Weg.
Nun, da die Zeit gekommen war,
Zorn nicht mehr an den Weihnachtsmann,
Grimms Märchen und die Heilige Schrift glaubte,
Erkühnte er sich, trotz mahnender Geisterfahrer,
IHN – DA OBEN unter die Lupe zu nehmen.

Das Warum, der Sinn sind glasklar:
Die Fans sollen einem Leader gehorchen.
Das Drumherum aber ist mystifiziert.
Zorn entlarvt Unsinn über Unsinn,
Alles versteckt im Transzendenten.
Wenn er in seinen bezahlten Räumen
Mit den Augen aufwärts klimmt,
Sieht er ausschließlich seine Koffer,
Die da oben sorgfältig verstaut liegen.
ER – DA OBEN, also ein Synonym für Koffer.

Da macht Zorn ab jetzt Unterschiede:
Inhaltsschwere Koffer voller Widersinn
Können einnehmend sehr lukrativ sein,
Zwingen die Träger aber in die Knie.

Leere Koffer ohne Sinn können gewichtig sein.
Selbst leichtsinnig vollgepackte Koffer,
Ohne doppelten Boden und Hinterlist, sind nutzlos.
Um Profit aus einem Koffer zu schröpfen,
Muss eine Ideologie darin verborgen sein,
Die schuldige, sündige Lämmerschwänzchen,
Segen bringend, zur Schur zusammenläutet.
Zorn erleuchtet die Erkenntnis: ER – DA OBEN,
Geschickt verpackt mit einem Heiligenschein,
Geschultert von Dienenden, hosianna,
Beschert den Substituten güldene Almosen.
Zorn will fortan die Kofferträger entsklaven.
Seitdem reist er immer ohne Gepäck!

Hello Dolly

Ernst Zorn erfährt vom enormen Fortschritt,
Der Vervielfältigung eines Individuums,
Einem Klon, aus dem Chemielabor –
Genetisch gleich und Spiegelbild im Aussehen.
Als Zwilling, aber eben doch kein Zwilling,
Begegnet das Individuum sich selbst.
Weil Dolly Schaf ist, kann man nicht feststellen,
Ob auch Charakterzüge komplett identisch sind.
Allerdings pennen, fressen und pissen
Vorlage und Klon noch zu unterschiedlichen Zeiten.

Höchst notabel findet Zorn das schon.
Dann überlegt er: Ist das wirklich neu?
Da kommen ihm die Politiker in die Quere.
Im Vergleich zu Mutter Dolly und Dolly sehen sie

Optisch stets anders aus, konstatiert Zorn.
Auch schlafen, schmausen und urinieren,
Einer wie der andere, alle ganz individuell.
Aber sonst und das weltweit über Grenzen,
Mal mehr, mal weniger, mal größer, mal kleiner,
Sind sie selbstgefällig, gescheitert, käuflich …
Quacksalber, Lügner, Rechtsverdreher …
Die das Wahlvolk zum allerbesten haben.
Sie doubeln sich gegenseitig in den Ämtern,
Ein rhetorischer Klon durch Jungfernzeugung.

Zorn blickt noch hinüber zum Vatikan.
Auch da wird seit zweitausend Jahren geklont.
Eine halluzinative Story wird frisiert nach Bedarf,
Varianten, die der Gläubige so eben noch schluckt.
Die in Brokat kostümierten Bürdenträger,
Verliebt nur in die Kleider der Frauen,
Posaunen den geweissagten Kelch in Unredlichkeit
Zum Klone ihres eigenen Fortbestehens.
Heiliger Bimbam! Sie verschanzen sich hinter
Dem Klon eines spiritualisierten Phantombildes.

Auch transzendental wird im Nichts eifrig geklont.
Obwohl unendlich nur eine Fiktion ist,
Tummeln sich sogenannte Götter in Ewigkeit
Als Phantasmen des Klonierens an sich.
Bannochse gegen verifizierende Wissenschaft!
Bis heute klonen scheinheilige Geister Geister.
Etwas, was objektiv nie existiert hat. –
In Spottes Namen: Hallo Dolly,
Dolly, du Schaf, du ganz allein,
Wirst der Strohhalm der Menschheit sein …

Gerechtigkeitsvisionen

Am 29. Februar, an einem Schalttag,
Hörte Ernst Zorn im Audimax
Eine Vorlesung über Recht und Gerechtigkeit.

Das Recht in frühen, nativen Kulturen:
Ohne Eigentum und Autorität, kein Rechtsbedarf.
Wenn überhaupt, bestimmte ein Sippenvorsteher.

Das Recht bei den antiken Griechen:
Sie waren metaphysische Glücksschürfer,
Die es subjektiv als Tugend anstrebten.

Das Recht bei den altklugen Römern:
Bestand aus subjektiven, kodifizierten Vorschriften
In eigennützigen, allgemeinen Prinzipien.

Das Recht bei den teleologischen Pharisäern:
Kam durch Fernwirkung aus der Transzendenz,
Erreichbar nur durch den Gnadenakt Gottes.

Das Recht der Neuzeit etablierte eine Weltsicht:
Gesellschaftsverträge wurden für den Menschen
Aus der Natur begründet, die Gottesordnung negiert.

Das Recht im Empirismus entsprang der Vernunft:
Hielt die Autonomie des Menschen für unverzichtbar.
Kategorische Imperative galten für Ethik und Würde.

Das Recht im multivalenten Utilitarismus:
Wies das Naturrecht als metaphysisch zurück.

Schuf ein Vernunftsrecht allgemeiner Wohlfahrt.

Das Recht vieler neuzeitlicher Theorien postulierte:
Interessensharmonie und Bewältigung von Konflikten
Nur unter Berücksichtigung empirischer Ergebnisse.

Das Recht in empirischer, wertfreier Wissenschaft:
Konnte in keiner der Visionen verifiziert werden,
Weil a priori kein objektives Recht existierte.

Mit diesem diffusen Schwamm im Kopf,
Gerechtigkeitsversionen von Jahrtausenden,
Schwankte Zorn wieder ans grelle Tageslicht.
Aber wie, wo war die Gerechtigkeit zu finden?
Es gab keine konkrete Anleitung für die Praxis. –
Ernst Zorn will jetzt die Gerechtigkeit aufstöbern.

Er sucht bei Ideologen und Philosophastern:
Findet als Rechtfertigung Konglobation der Urängste,
Die die Zufälligkeit des Daseins verleugnen.

Er sucht im Glaspalast der impotenten UNO:
Findet das Weltgewissen therapiert durch Hypnotika,
Das Völkerrecht verewigt auf wertlosem Papier.

Er sucht in den unbegrenzten Möglichkeiten der USA:
Findet Tellerwäscher und Immobilienmakler
Den Colt ziehend. Wer schneller trifft, hat recht!

Er sucht in der Christenzentrale im Vatikan:
Findet zufriedene Gesundbeter des Unrechts
Eines eingetragenen, autoritären Dogmenvereins.

Er sucht in der Politik auf allen Ebenen:
Findet ideologisch salbadernde Geisterfahrer,
Die Gesetze verabschieden, gemacht von Lobbyisten.

Er sucht auf den obersten Gerichten der Welt:
Findet Urteile, die den Verstand mit Verdruss treten,
Weil Macht und Ethik die Legislative korrumpieren.

Er sucht auf den populären Fußballfeldern:
Findet, es gilt das, was der Schiedsrichter sieht;
Mit subjektivem Spielraum, kann objektiv falsch sein.

Er sucht bei den Aborigines unseren Urahnen:
Findet Kulturen ohne Eigentum und Autorität.
Die subjektive Erfahrung eines Ältesten schlichtet.

Er sucht akribisch bei sich, Ernst Zorn:
Findet keine objektive und allgemeingültige Formel,
Nur ein Konglomerat aller Gerechtigkeitsvisionen.

Er sucht in den wertfreien Wissenschaften:
Findet alle transzendenten Vorstellungen verworfen.
Es existiert noch kein Projekt für objektives Recht.
Ein Artefakt nach Notwendigkeit steht an.
Das Recht muss internationalen Standard definieren.
Ernst Zorn steckt im diaphoretischen Dilemma.
Auf der einen Seite – missbrauchte Fiktionen.
Auf der anderen – dringende Notwendigkeit.
Er sucht nach dem Recht, das es noch nicht gibt.
Ein Recht, das die individuell subjektive Freiheit
Einem objektiven Zwang der Gesellschaft unterstellt.
Eine freiwillige Diktatur der Notwendigkeit.

Da werden den gegenwärtigen Geisterfahrern,
Politiker, Ethiker und Philosophaster,
Nicht nur die Knie vor Angst schlottern,
Wenn die Notwendigkeit zukünftig richtet
Und die Urteile ohne Unterschied vollstreckt:
Der kann Waffen behalten – und der nicht.
Der muss Kapital abgeben – und der nicht.
Der darf noch weiterleben – und der nicht …

Den Gordischen Knoten einer a priori Gerechtigkeit
Hat die Molekularbiologie längst entwirrt!
Doch die Scharlatane von Transzendental-Fantasten,
Klittern sich neue Krücken, den Zufall verleugnend.
Einen Schleichweg und schwachen Trost findet Zorn
In den abgewandelten, geflügelten Worten:
„Besser ein unzufriedener Ernst Zorn,
Als ein zufriedener Geisterfahrer zu sein."

Dialog mit das Katz

Wildkatzenähnlich ist das Katz,
Gleichmäßig getigert, ganz unscheinbar,
Grau, wie die Queen bei Nacht.
Aber nützlich und kostet fast nix.
Es ist ein Fänger vor dem Lord,
Mäuse und Ratten ringsum – ade.

Sieben Schlangen hat es schon angeschleppt,
Lebend, es huldigt ägyptischer Tradition.
Das Katz ist Freigänger mit Baumhaus.
Es sitzt artig vor Ernst und blickt aufwärts:

„Warum hast du mich kastrieren lassen?
Hast mir mein Dasein verstümmelt?"

„So hast du, Katz, Ruhe und ich auch.
Keine zerschlitzten Ohren, keine Wunden
Vom Raufen, keine Katzenmusik,
Keine angepissten Wände und Türen" …
„Das ist von der Natur so programmiert."
„Die Natur ist grandios, doch unvollkommen.

Hier muss der Verstand nachbessern,
Verstehst du? Nach Notwendigkeit!"
„Nur bei Katzen oder auch bei euch Menschen?"
„Zu viele Katzen stören das Gleichgewicht."
„Gilt das nur für Felis catus, – oder?"
„Nein aber. Ja aber. – Lassen wir das Thema.

Du wolltest mit mir dringend sprechen?"
Katz springt auf ein Mäuerchen:
„So bin ich mit dir auf Augenhöhe.
Früher", Katz hebt wichtig die Pfote,
„Früher hast du unter Wasser Fische
Und im Berg Kaninchen gejagt.

Unsere Teller waren täglich randvoll.
Neuerdings sitzt du am Schreibtisch,
Lässt dein Haus und Boot langsam verkommen.
Tippst rum, starrst auf den Bildschirm.
Deine Brillengläser werden immer dicker.
Salat, jeden Tag irgendein Grünzeug."

„Katz, ich bin alt und schwach geworden.

Ich will jetzt noch Sinnvolles schaffen.
Mit einfachen, verständlichen Worten
Will ich die Welt retten vorm Untergang."
„Auf meine Kost, auf meinem Buckel?
Einfach, – verständlich", äfft Katz höhnisch.

„Du wirst zu dem Angler in der Irrenanstalt,
Der in der Badewanne fischt."
Ernst runzelt die Stirn, – ist beleidigt:
„Aber ich weiß, dass sie dort nicht beißen."
„Eben", sagt Katz, „schreibst so was wie Gedichte.
Du müsstet schleimen wie ein Butt.

Oder leiern wie eine greise Rättin,
Schnurren wie ich, wie eine Gebetsmühle.
Dann schwärzt du noch vor dem Frühstück,
Leicht, an die fünfzehn Buchseiten."
„Aber Katz, das ergibt keinen Sinn
Ein Potpourri quer Kochbuch, Geschichtsbeet."

Jetzt wittert Katz Fisch: „Wach auf!
Häng leere Bilderrahmen in die Galerie.
Das Gemälde soll sich jeder selbst vorstellen.
Illusionieren! – Wer liebt schon Wirklichkeit?
Du mühst dich spät nächtens ab
Mit Metrik, Reimen, Syllogismen.

Willst Schwätzer und Heuchler entlarven,
Ideologische Geisterfahrer ausbremsen,
Gläubigen Ethikern die Schöpfung streichen.
Du wirst die Leute mit den Kamelaugen,
Und dem jenseitigen, verklärten Lächeln,

Nicht mit Verstand und Logik erreichen.

Sie glauben! Pokern den Heilspraktiker
Und prassen prächtig mit Hartz 12 bis 15
Aus dem Staatssäckel der Gesellschaft.
Sie werden köstliche Oblaten und Spätlese
Nicht gegen schwielige Hände tauschen."
Ernst Zorn überlegt halblaut in sich hinein:

„Ist alles, was ich will, nur für die Katz?"
„Ernst, ich will dir die Wahrheit miauen,
Satt hab ich Breakies nur mit Fischgeschmack.
Das ist Fast Food für schamponierte Sofapisser.
Fehlt nur noch Katzen Coke light.
Geh in dich! Werd schnell wieder der Alte."

„Katz, ich denk an die Unsterblichkeit."
„Schau in die nächste Fernsehvorschau,
Du Tagträumer! Sokrates moderiert Talkshows.
Worte musst du, sinnlose Sätze drapieren,
Deine Feder tropft gegenstandslose Malerei,
Dann bestsellern die Schwarten im Onlinehandel."

„Alles ohne Sinn und unverständlich?
Kontaminiert von asozialem Profitdenken?"
„Genau, die Medienpäpste und Koryphäen
Werden jubeln, loben und preisen.
Was kein Sterblicher begreift, nur das
Mutiert zur Ästhetik, wird Kunst vom Feinsten.

Du musst des Kaisers neue Kleider
In moderner Schreibkunst kolportieren,

Als Verbalinspiration frisch auftischen,
Gewürzt mit Zeitgeschmack plus Schuss."
„Und wenn ein Kind es liest", fragt Ernst,
„Dann schreit, die Worte seien nackt?"

„Papperlamiau! Bis Kinder richtig schmökern,
Sind sie geprägt vom Gleichtakt der Kultur.
Das Lesen ist von Natur nicht vorgegeben,
Es ist kein Sinn wie sehen, hören, riechen …
Das Wort ist niemals eine Realität."
„Katz, du schiebst mir den Olymp ins Nichts."

„Zwirbel deine Schnurrhaare zum Halbmond,
Trag immer einen speckigen Hut mit Feder,
Scher dir 'ne Glatze, lass dich tätowieren,
Sei ein bunter Hund, der an jede Ecke pisst.
Ernst, – nicht die Missionarsstellung –
Der eskimoische Salto mortale ist zurzeit gefragt.

Nur mit dem Strom blüht dir Erfolg."
„Katz, ernsthaft verlangst du von mir,
Ich soll der Welt den Hanswurst mimen?"
„Wenn du den nicht heucheln willst,
Dann fahr sofort wieder aufs offene Meer,
Zum Angeln – auf deine letzten Tage.

Endlich wieder frischen Fisch im Teller,
Das ist für beide positiv in jeder Hinsicht."
Katz, denkt Ernst Zorn, Katz, Katz, Katz …
Das orakelst du und hast keine Eier mehr.
Siehst du etwa deswegen die Welt so klar?
Wer dann aber wird den Planeten retten?

Trinklied des Ernst Zorn

Da zecht ich einst in einer Bar,
In der die Kneip-Kur pflichtig war.
In dem verräucherten Gemäuer
Schwebte ein Schnaps- und Biergestank,
Der war den Trinkern lieb und teuer.
Wer hier eintrat, spielte va banque.

Da zecht ich einst in einer Bar,
Zusammen mit 'nem Kommissar,
Im Einsatz gegen das Kankröse.
Der Schnüffler war partout bereit,
Auf ex vertilgte er das Böse,
Den Alkohol zu jeder Zeit.

Da zecht ich einst in einer Bar,
Zusammen mit 'nem Fernsehstar,
Die hatte Ehrgeiz angefressen.
Sie war, vor lauter Möchtegern,
Dem Intendanten aufgesessen.
Drum soff sie Schnaps, liebte modern.

Da zecht ich einst in einer Bar,
Zusammen mit 'nem Ex-Notar.
Der wollte sich 'ne Erbschaft klauen,
Doch wurde er dabei ertappt.
Ihm blieb nur noch ins Weinglas schauen,
Bis das Freund Hein ihn sich geschnappt.

Da zecht ich einst in einer Bar,
Zusammen mit 'nem Justiziar.

Der konnte gackern auch beim Trinken
Und legte stets ein faules Ei.
Drum tat die Politik ihm winken,
In dem Beruf war's einerlei.

Da zecht ich einst in einer Bar,
Zusammen mit 'nem Avatar.
Ein Banker hatte ihn vergessen.
Der schluckte nur rein virtual,
Zockte, vom Zugewinn besessen,
Moral war ihm schnurzpiepegal.

Da zecht ich einst in einer Bar,
Zusammen mit 'nem Erzclochard.
Der tankte Wermut zum Vergnügen.
Das Bittre war sein Weg zum Glücke,
Auch wollt er sich nicht selbst belügen,
Drum war die Heimat nur 'ne Brücke.

Da zecht ich einst in einer Bar,
Zusammen mit 'nem Noch-Vikar.
Den plagten Zweifel an dem Glauben,
Fing an zu dudeln, knobeln, wetten ...
Es sollte edler Saft der Trauben,
In vino veritas ihn retten.

Da zecht ich einst in einer Bar,
Zusammen mit 'nem Archivar.
Wir beide als geborne Zecher ...
Zum Rückblick nochmals resümiert, –
Mit ihm leert ich den letzten Becher,
Der hat das Lied dann archiviert.

Ein alter Freund

Ernst Zorn, betagt, geht gern auf Reisen,
Lässt die Gedanken einwärts kreisen,
Zurückgelehnt und ganz entspannt.
Und die Erinnrung ferner Zeiten,
Ihn auf der Fahrt traumhaft begleiten,
Belebt Gesichter längst verbannt.

Aus dem Vergessen tief im Schweigen
Taucht auf, aus dem erweckten Reigen,
Ein Freund aus seiner Jugendzeit.
Wo ist der Kerl nur noch geblieben?
Der Ort? Hans hat es einst geschrieben
Vor eines Daseins Ewigkeit.

Ein Katzensprung von seiner Route
Kommt ihm ein Blitzbesuch zumute,
Wenn der im Ort noch residiert.
Ernst will den Hans kurz wiedersehen,
Ein Stück mit ihm gemeinsam gehen,
Auf dass die Freundschaft remontiert.

Im Internet ist Hans zu finden.
Ernst kann den Trip zu ihm verbinden.
Geplant – getan, schnell haltgemacht.
Schon auf dem Weg ist er am Lachen,
Es wird ein Hochgefühl entfachen,
Als Überraschung ist's gedacht.

Und vor dem Tor bleibt er kurz stehen.
Wie wird es sein, das Wiedersehen?

Den Klingelknopf er herzhaft drückt.
Lange, sehr lange muss er warten,
Dann kommt, von seitwärts aus dem Garten,
Ein Mann und starrt auf ihn entrückt.

Ernst erkennt Hans, winkt ihm verhalten,
Doch will sich Freude nicht entfalten.
Jetzt eilt 'ne Frau so schnell sie kann
Zu Hans, führt ihn an beiden Händen
Zur Tür, kann sich kurz von ihm wenden,
Und blickt den Fremden fragend an.

„Ich bin Ernst, ein Freund, die Zeit, sie eilt,
Mit Hans hab ich die Schulbank geteilt.
Ich will kurz schauen, was er macht."
Die Frau in Tränen spricht gebrochen:
„Einst hat er oft von dir gesprochen,
Doch jetzt umgibt ihn dunkle Nacht."

Zu dritt sie sichtbar ratlos stehen,
Bis sie ins Haus gemeinsam gehen.
Ernst hat sich nach dem Schock gefasst.
Hans wendet sich und fragt versonnen:
„Wer ist so früh zu uns gekommen?"
„Dein Schulfreund ist bei uns zu Gast.

Ich muss ihn Tag und Nacht bewachen.
Hans kann sich nichts mehr selber machen,
Mir bleibt zu andrem kaum noch Zeit.
Ich müsste die Arznei sortieren.
Wie wär's, du gehst mit ihm spazieren,
Wir sind zum Ausgang grad bereit.

Nach rechts die Straße zu den Teichen
Könnt ihr bequem zu Fuß erreichen.
Der Hund führt euch bis auf den Steg."
Klar spürbar gibt's hier nichts zu fragen.
Der Zufall hat blind zugeschlagen.
Auf geht's, sie sind schon auf dem Weg.

Und Ernst erzählt, spielt unbefangen,
Wie sie zur Schule einst gegangen.
Stumm trottet Hans, er atmet schwer.
Die Worte ihn nicht mehr bewegen,
Es will sich kein Erinnern regen,
Speicher gelöscht auf nimmermehr.

Dann hält Hans an. Sein Blick ist stier:
„Was springt da für ein blödes Tier,
Und schleckt mir dauernd meine Hand?"
Ernst sagt ihm sanft: „Es ist dein Hund."
Er tritt nach Ernst, ganz ohne Grund:
„Wer bist denn du, sind wir bekannt?"

Der gute Freund aus alten Tagen,
Ernst hört ihn immer wieder fragen:
„Wer bist denn du?" Lallt's wie im Traum.
Beginnt im Kreis schlurfend zu gehen,
Mit offnen Augen, die nichts sehen ...
War gestern noch ein Kerl wie'n Baum.

Hans sabbert wie ein Säugling, spuckt,
Die Hosen nass, den Kopf geduckt,
Nur Leere blickt aus dem Gesicht.
Er stolpert weiter ungewollt.

Der Hund ihm treu zur Seite tollt …
Sein Freund am Spiegelbild zerbricht.

Zorn & Zorn

Als Sonntagskind ward er geboren,
Lag in der Wiege ganz verloren
In seiner ersten Stunden Sein.
Da schlich von unbestimmten Weiten
Ein zartes Zweites, ihn zu leiten,
Und nistete im Kopf sich ein.

Fortan bestand zusammenleben,
Wie's die Natur hat vorgegeben,
Für eine limitierte Zeit.
Ein Duo wuchs so mit den Jahren,
Die beiden unzertrennlich waren,
Es formte sich Persönlichkeit.

Ernst Zorn vereint zum neuen Wesen,
Nur scheinbar immer eins gewesen,
Betrat die Bühne für das Spiel.
Als Mime in dem Weltgeschehen,
War er in Zukunft drauf zu sehen
Mit völlig ungewissem Ziel.

Der Jugend ziemte Ausprobieren.
Körper und Geist voll harmonieren
Ganz unbewusst noch ohne Zwang.
Doch herrschten kriegerische Zeiten,
Gefolgt von Widerwärtigkeiten,

In Dissonanz ein Leben lang.

Und sportlich galt's den Körper stählen,
Sich in der Bildung vorwärts quälen,
So schoben sie sich weit voran.
Die Konkurrenz war nicht am Schlafen,
Das Schiff auf Kurs entfernt vom Hafen,
Worauf ein Wettbewerb begann.

Auf Brautschau sie gemeinsam zogen,
Hoffend Fortuna sei gewogen,
Dass sie dem Wunsch sich hilfreich zeigte.
Es galt Pokale zu erringen,
Sich im Beruf steil aufwärts bringen,
Eh sich die Leistungskurve neigte.

So, ohne groß zu überlegen,
Der Gleichschritt war stur vorgegeben,
Ward Zorn im Kreislauf eingespannt.
Bald türmten sich auch Alltagssorgen,
Im Ungewiss von übermorgen,
Hatte ihn Fortschritt überrannt.

Und höher sprosste er die Leiter,
Die Jagd nach Wohlstand trieb ihn weiter,
Bis er im Ledersessel thronte.
Fraktionszwang auf den Konferenzen,
Sah Zorn rhetorisch faselnd glänzen.
Er wägte, ob der Stress sich lohnte.

Im Innern lechzt sein Ich betrogen.
Ein Kollektiv hat ihn erzogen,

Ganz ohne seine Gegenwehr.
Und als man ihn in Ruhe schickt,
Er auf sein Dasein kritisch blickt,
Steigt Zweifel auf, verwirrt ihn sehr.

Zorn merkt, er hat den Sinn verloren.
Wünscht prompt, er werde neu geboren,
Dass ihm ein bessrer Ausgang glückt.
Doch psychisch, physisch wächst sein Leiden.
Er kann Zerfall nicht mehr vermeiden,
Matt ihn die Krankheit niederdrückt.

Ans Bett gefesselt wider Willen,
Bei Hühnersüppchen, vielen Pillen,
Macht die Arznei ihn impotent.
Zwar ist der Wille noch am Glimmen,
Verruchte Leiden umzustimmen,
Doch Zorn und Zorn sind divergent.

Angina Pectoris die Schmerzen,
Er trotzt, ist aufgelegt zu scherzen,
Rien ne va plus, als ein Verdikt, –
Das muss der Kleine akzeptieren.
Schnell in Vergangenheit flanieren
Ihn Amor auf den Rückblick schickt.

Ganz ohne Nachsicht auf den Kranken,
Schwingt Zorn sich fort in die Gedanken
Einst amouröser Zweisamkeit.
Die längst verflossen in den Jahren,
Nur im Gedächtnis sich gebaren,
Imaginabler Wirklichkeit.

Aus der Erinnrung tief im Dunkeln
Scheinbar vergessne Tage munkeln,
Die kehren aufgespürt ans Licht.
Aus tiefer Furcht, dass sie verblassen,
Von dem Replay stumm ausgelassen,
Weil drin versteckt, lebt ein Gesicht.

Zorn will es grade heute wissen,
Im Geist die wahre Sehnsucht küssen,
Auf dass Fortuna neu entbrennt.
Und sie, ganz Frau mit sechzehn Jahren,
Steht vor ihm mit schwarzbraunen Haaren,
Wie damals, wie nur er sie kennt.

Zwei Fingerpfiff, das ist ihr Zeichen,
Ein Fernruf, laut, ganz ohne Gleichen:
„Hier bin ich! Gib mir deine Hand."
Zorn will, was wortlos zählt im Leben,
Platonisch ihr zu Füßen legen,
Als sein Geschenk zum Unterpfand.

So Arm in Arm sie nochmals gehen,
Sich wonnig in die Augen sehen.
Drauf blüht Gefühl spektral im Tau,
Viel reiner als der Wellen Blitzen,
Viel höher als der Berge Spitzen,
Viel tiefer als des Weltalls Blau.

Ihm wächst gesteigert neu Verlagen.
Heut schwingt trotz Harmonie ein Bangen,
Ihn mahnt der Tod, die Stunde schlägt.
Der Gleichklang wird unlöschbar bleiben,

Unmöglich auch ihn zu beschreiben,
Kein Wort, das diesen Zustand wägt.

Und was epigonal noch brannte,
Zorn wissend – hämisch, – vögeln nannte,
Als Surrogat in eurer Welt.
Enttäuschend – wie die Pyrrhussiege,
Kurzlebig – wie die Eintagsfliege,
Blieb um die Liebe es bestellt.

So endet Rennen nach dem Glück,
Obszön, in einem Pornostück.
Schon Menschsein wird euch herb vergällt.
Erotik im Kommerz floriert,
Der Sex verbrämt sanktifiziert,
Damit's die Ethik nicht verprellt.

Dann spürt er deutlich, dass sie pfeift.
Auch etwas, das ihn würgend greift.
In Symphonie zwängt sich ein Schreck.
Der im Bett liegt, fasst sich ans Herz.
Er aber fühlt den stechend Schmerz.
Denkt eilig: Flieh! – Kommt nicht vom Fleck.

Rechteckig, wie 'ne Fernsehwand,
Blitzt auf ein Bild fest eingebrannt,
Aus dem er selber spöttisch lacht.
Darauf ein Knistern, Blackout-Schlag,
Der Nerv gekappt – sein jüngster Tag.
Schwarz – schwarz wie Lethe, zeitlos Nacht.

Übersetzungen kredenzt von Ernst Zorn

Zorn möchte gegenwärtigen Literaturkritikern und Literatur-
päpsten, sowie sehr modern tätigen Lyrikern, alte, aber wohl
vergessene Werke von gestern für heute, hoffentlich verständnis-
voll für die Zielgruppen, übersetzen. Das heißt, Zorn versucht
es, die Inhalte auf die gegenwärtige Zeit und Situation, in der
wir leben, umzuschreiben und alles, in der modernsten Orthogra-
fie und Interpunktion dem geneigten Leser zu präsentieren.

erlkönig
Erlkönig – von Johann Wolfgang von Goethe

wer rast durch die tundra bei eis und schnee
das ist ein testwagen von vw
mit auf dem trip im ledersitz vorn
klebt fest der konzernchef winterkorn

mein boss warum so vergnügt das gesicht
siehst tester du die paparazzi nicht
sie lauern mit telekanonen im Feld
mein boss der diesel kreißt rollt in die welt

vabanquespiel zu dem vw jetzt neigt
das geschäft läuft gut der absatz steigt
der tester hat linke software kreiert
sein boss die bonusmillionen kassiert

oh tester oh tester hörest du nicht
wie konkurrenz dich lockt dir mehr verspricht
bleib ruhig zischt der boss das erhöhen wir glatt
und setzen zugleich die medien schachmatt

der betriebsrat bumst die töchter bei nacht
abgaswerte die politik überwacht
unsre sorgsam gekaufte lobby allein
die lullt die stümper vom umweltschutz ein

mein boss mein boss ich sag es halblaut
die schummelsoftware ist eingebaut
mein tester mein bester ich weiß es genau
wenn du das maul hältst merkts keine sau.

doch uncle sam entdeckts spielt auf moral
zahlt schnell freiwillig sonst zahlt ihr legal
mein boss das umweltschwein bläst laut zur hatz
und will milliarden als schadenersatz

der tester verpisst sich der boss mimt auf dumm
der konzern wegen der gauner mickert herum
entgeht dem konkurs nur mit knapper not
an der börse notiert die aktie in rot

P.S.: Die letzten Aussagen waren vorschnell und sind unrichtig!

herr von reibach aus frankfurt ...
Herr von Ribbeck auf Ribbeck im Havelland – von Theodor Fontane

herr von reibach aus frankfurt im wunderland
ein faules wertlospapier erfand
es kam die goldene investmentzeit
und renditen leuchteten weit und breit
da wagte er cool einen börsengang
der von reibach war plötzlich mittenmang
und fuhr im mercedes ein rentner im kreis

so rief er oldie want you den scheiß
und kam ne oma so rief er old hex
kumm ich hab investmentblüten ganz lex

er zockte viel jahre mit schweinekram
bis von reibach aus frankfurt vorn richter kam

er fühlte die wende swar höchste zeit
off shore war modern und winkte weltweit
da sagte von reibach ich steige hier aus
druckt aber effekten noch im voraus
und samt obligationen mimt er bankrott
flieht ins ausland den häschern zum spott
die geneppten kunden mit wut im gesicht
sangen wo war nur die bankaufsicht
und die makler klagten die kassen sind leer
wo kriegen wir jetzt faule papiere her

es greinten die broker das war nicht recht
bei draghi sie kannten den reibach schlecht
er hatte aus weitsicht vorm neuen start
die zertifikate sicher verwahrt
der fuchs vertraute dem listigen stier
das misstrauen schwand es siegte die gier
er wusste was er hatte gestern kreiert
man heut unter neuem namen goutiert
und im dritten monat neu heraus schoss
ein investmentsprössling und wird zur hausse

die verkäufe boomten wieder salopp
längst wölbt sich ne blase über dem flop
und in der mau getricksten zinsloszeit

steht gleiches mit fremdem namen bereit
und sucht ein sparer nen anlagehit
schon flimmerts im dark pool do you want shit
und kommt ne witwe so twitterts old witch
kumm ganz schnell ordern sonst bist du ne bitch

so klaut die moneten noch immer die hand
des von reibach aus frankfurt im wunderland

das ringkartell des scheichs
Der Ring des Polykrates – von Friedrich Schiller

von seines wolkenkratzers spitze
schaut er in greller mittagshitze
auf sein befackelt oelfeld hin
dies alles vor mir sind moneten
protzt voller stolz er vorm propheten
gesteh dass ich allmächtig bin

dir steht die usa zur seite
sie schützen schlau dich vor der pleite
und kuschen vor des geldes macht
doch is bombt noch dich zu schwächen
drum kann ich dich nicht siegreich sprechen
solang des terrors sprengstoff kracht

eh der prophet hat noch geendet
da flimmerts von mossul gesendet
im dark net auf dem news kanal
jetzt kann arabien endlich hoffen
ein is führer ist getroffen
das ist die wende als fanal

zerfetzt dein feind von den granaten
für die bestechung flugs verraten
grüßt der geheimdienst seinen herrn
und zum beweis nah aufgenommen
sequenzen live herüberkommen
auch wenns geschehen noch so fern

doch der prophet vermerkt mit lachen
ich warne dich die hacker wachen
sinniert er schließt ein aug bigott
bedenk wie leicht man ätherwellen
mit fakes um fallen dir zu stellen
manipuliert nur dir zum spott

und eh sein unken kaum verklungen
sieht man vor freude eng umschlungen
der alleierten siegesfest
im fernsehn ist präzis zu sehen
wenn schwenks über die leichen gehen
sodass es keinen zweifel lässt

der mann erleuchtet wägt bedenken
den medien hehren glauben schenken
sei auf das gegenteil gefasst
die terroristen heimlich werken
wird noch die angst enorm verstärken
schon braut sich unheil im palast

und eh kassandras mahn verhallt
von reuthers presse laut erschallt
in den kanälen jubelts krieg
die bande wird jetzt massakriet

denn russ und türk sind aufmarschiert
good luck ab heute winkt der sieg

auch der prophet hört diese kunde
politisch macht der deal die runde
doch zischt er fern ist noch dein ziel
ich warn dich vor des irans schliche
am ende lässt man dich im stiche
dein ringkartell steht auf dem spiel

mich hat fortuna hold beraten
vor allen meinen börsenstarten
war mir das richtge pferd bekannt
dann wollte ich im vollen zocken
selbst wall street war zutiefst erschrocken
prompt bin ich in ne baisse gerannt

drum willst du schaden von dir wenden
musst du dich an die lobby wenden
es braucht verrat und nicht nur schwein
noch hat man keinen reich begraben
der sinnlos schleudert seine gaben
ins volk nur um beliebt zu sein

beim weisen bart aller propheten
was dir erscheint es sei vonnöten
so tilg es aus sag ihm ade
was dir beim herrschen macht zu schaffen
die feinde wollen dich als laffen
sei hart und wirfs in diese see

der malik grinst vom tipp beseelet

von allem was die wüste quälet
ist das der menschenrechte hort
den will ich gern den spinnern schenken
in meinem reich herrsch ich mit henken
und wirft die charta über bord

und als sie in der uno tagen
fängt amnestie harsch anzuklagen
man fordert handeln wutentbrannt
weltweit das menschenrecht sie schelten
muss auch bei dem despoten gelten
ansonsten ihn die ächtung bannt

bestürzt die diplomaten eilen
dem fürsten dieses mitzuteilen
die uno droht herr mit boykott
das wird hier kein kamel verdrießen
ich werd den oel- und geldhahn schließen
drauf geht der tauben traum bankrott

und der prophet quittierts mit klatschen
recht so lass die im glashaus quatschen
mein fürst ich will dein bruder sein
mit dir im wüsten reich zu leben
will ich dir arm und glauben geben
er sprachs und bürgert stolz sich ein

Modernste Eigenversuche von Zorn

der teelöffel
die wertschröpfung wird teelöffelweise

durch alpaka verifizierte,
hört, wissenschaftsphilosophie
distribuiert. mit spottes segen!
zufall? das todsicher nicht.
die gasmasken am hintern
schützen vor den treibhausgasen.
querschläger, politische irrläufer
ethik sabbernd hochheilig,
zwittern sibyllinisch
auch auf fakebook gebloggt.
beschleunigt im zyklotron.
krösusse der neogenesis
verteilen die kröten unseres blauen:
mit pipetten an die ackergäule,
mit dem dow jones an den vielfraß.
black out auf ganzen kontinenten.
erigierte irritierte pechvögler
geben dazu verurteilt ihr löffelchen ab.

kunststoffgedanken
plastikmüllsäcke,
gierige schwarze löcher ohne saugkraft,
vollgewalzt mit europäischem sondermüll.
es grunzt schon im grundwasser:
violà! mouche volandes?
im zerrspiegel prusten schweinswale
in erleuchteten katakomben
philosophisch dollarambitioniert.
ha, lacht der eichelhäher! (33 Sek.)

regenbogen, kreuzweise bepisste

pastiktüten, fanale im orbit.
die beringsee kreißt neoinseln.
albatrosse als paragleiter getarnt
segeln mit kunststoff-verheißung im gedärm.
greenpeace kämpft in alamo.
auch dir blüht ein golgatha
teuflisch eingedost, serviert
auf uno einwegtellern. (89 Sek.)

wahlmüde wohlstandsnashörner
uganda zerrieben und zerquetscht,
rittlings gemailt zum gipfeltreffen.
prozesse zucken im bayerkreuz.
oh wie unwohl ists mirsch.
sprießcht aschtung der giersch.
unzählige weitsichtige nacktmulle
quadratwurzel multipliziert –
schalom dem kanonenfutter? (139 Sek., fertig)

heureka!
freiraum für selbstbestimmte.
sei ein frosch.
schreib dir den lyrikschmarrn selbst. – los!

l

Zeitfracht Medien GmbH
Ferdinand-Jühlke-Straße 7
99095 Erfurt, Deutschland
produktsicherheit@kolibri360.de